동서양 철학 콘서트 : 서양철학 편

서양철학 편

동서양 철학 콘서트

엄정식
장영란
이창우
이현복
백종현
이동희
강영계
이기상

아 숲

| 책 머리에 |

동서양 철학, 지혜에 대한 사랑

철학(philosophy)은 그 어원이 말하듯 지혜(sophia)에 대한 사랑(philo)입니다.
 다시 말해 철학은 지혜에 도달하는 데 필요한 수단일 뿐입니다. 그런데 사람들은 철학이 어렵다고 합니다. 지혜에 도달하는 길이 그만큼 멀고 험하다는 뜻일까요? 잘 생각해보면 그런 것은 아닌 것 같습니다. 오히려 철학이 본연의 모습을 잊어버리고 학문이나 지식이 되어버린 현상에서 그 원인을 찾아야 하지 않을까요? 우리는 주변에서 지식수준이 그리 높지 않은 단순한 사람도 지혜롭게 살아가고, 대단한 철학적 지식을 갖춘 사람도 지혜와 거리가 먼 삶을 살아가는 모습을 종종 보게 되곤 합니다.

 많은 사람이 철학책을 읽으면 '눈은 글을 따라가는데, 내용은 전혀 파악되지 않는다'고 불평합니다. 전문적인 철학용어에 시달리다 보면, 뭐가 뭔지 도통 알 수 없고 또 눈으로 확인할 수 없는 개념을 머릿속에서 그려보는 일이 쉽지 않기 때문이겠죠.
 철학이 어렵게 느껴지는 이유는 무엇보다도 잘못된 접근 방식에 있는 것 같습니다. 예를 들어 어떤 철학적 사고를 구성하는 개념의 장이 우리 의식에 자리 잡지 못한 상태에서 오로지 개념적으로만 그 사고를 이해하려고 애쓰다 보면, 모든 것이 난해하고 복잡하게 여겨져서 중도에 포기해버리고 맙니다. 그보다는 어떤 시대에 어떤 사고가 탄생한 필연적인 원인을 살펴보고, 서로 다른 여러 사고 사이의 관계를 일정한 기준을 통해 파악한다면 철학은 훨씬 더 가깝게 느껴지리라 믿습니다.

이 책은 KTV 한국정책방송에서 방영한 〈인문학 열전〉 중에서 동서양 철학에 관련된 열다섯 편을 골라 동양철학과 서양철학, 두 권으로 엮은 것입니다.
동양철학 편에서는 공자와 맹자를 비롯하여 묵자, 장자, 순자, 한비자 등 동양사상의 바탕을 이룬 철학자들이 천착했던 문제들을 우리나라 대표적인 원로·중견 철학자들의 해석을 통해 명료하고도 충실하게 살펴보았습니다. 또한, 서양철학 편에서는 소크라테스에서 시작하여 근·현대 실존주의자들에 이르는 대표적인 서양철학자들의 핵심적인 사상을 포괄적이면서도 심도 있게 다루었습니다.

여러 철학자의 삶과 사유를 통시적으로 따라가 보면, 인간의 정신이 어떻게 전개되었는지를 한눈에 파악할 수 있습니다. 그리고 비록 동양과 서양이 지리적으로 멀리 떨어져 있어도 인류 보편적인 문제에 대해 서로 비슷하게 사유하고, 서로 비슷한 시대적 고민을 안고 있었음을 확인할 수 있습니다.

이처럼, 한편으로는 어떤 철학적 사고가 발원한 시대적 상황을 돌아보고, 다른 한편으로는 때로 대립하고, 때로 상응하던 동서양의 철학적 사고를 함께 살펴볼 수 있다는 것이 이 책의 뚜렷한 장점이라고 생각합니다. 그리고 무엇보다도 독자들은 자신의 몸을 던져 시대를 고민하고, 인간이 나아가야 할 올바른 방향을 모색했던 그들 동서양 철학자의 삶과 사유를 통해 오늘날 이 시점에서 '지혜를 사랑하는' 삶을 살아갈 용기와 힘을 얻게 되리라 믿습니다.

〈인문학 콘서트〉 시리즈는 2010년 1월에 1권이 출간된 이래 2권, 3권이 연이어 발간되면서 독자들로부터 분수에 넘치는 사랑을 받았습니다. 1권에서는 우리가 되살려야 할 인문학의 힘이 과연 어떤 것인지를 규명하고, 앞으로 나아갈 방향을 모색했으며, 2권과 3권에서는 한국인의 정체성과 한국사의 특징적 사실들을 조명하여 한국인과 한국의 더 나은 미래를 인문학적 관점에서 타진해보았습니다.

이제 〈인문학 콘서트〉 4, 5권이 될《동서양 철학 콘서트》를 펴내면서, 그간 수고를 아끼지 않으신 KTV 관계자 여러분, 방송에서 MC를 맡으신 김갑수 선생님, 귀중한 원고를 제공해주신 필자 여러분께 감사의 말씀을 드립니다. 그리고 특히, 그동안 〈인문학 콘서트〉를 사랑해주신 독자 여러분께 진심에서 우러나오는 고마움을 전합니다.

기약 없는 약속이지만, 언젠가 〈인문학 콘서트〉 다음 편이 출간되는 날이 온다면, 그때 여러분과 다시 만나기를 간절히 바랍니다.

2011. 4. 1.
도서출판 이숲
주간 임왕준

책 머리에 동서양 철학, 지혜에 대한 사랑 5

이 시대 도덕을 돌아보다, 소크라테스 **엄정식** 13

혼탁한 사회, 지식인의 모습 15 | 악법도 법이다 20 | 우리는 왜 도덕적이어야 하는가 29 | 삶과 죽음의 지혜 35

정의로운 삶, 플라톤 **장영란** 39

플라톤의 저술 41 | 잘 산다는 것 47 | 플라톤의 정치사상 60 | 지식인의 실천적 의무 66

진정으로 행복한 삶, 아리스토텔레스 **이창우** 73

아리스토텔레스의 윤리학 75 | 행복이 최고선이다 81 | 이성, 행복한 삶의 조건 86 | 행복한 삶을 위한 덕목들 93 | 행복한 삶을 위하여 100

모든 것을 의심하다, 데카르트 **이현복** 103

근대정신의 출현 105 | 방법론이 중요하다 121 | Cogito ergo sum 125 | 데카르트 철학의 유산 129

내 위의 빛나는 하늘과 내 안의 도덕법칙, 칸트 **백종현** 135

칸트는 누구인가 137 | 칸트 철학의 형성 142 | 자연과학적 지식과 윤리적 세계 146 | 오늘날 다시 만나는 칸트 153

세계정신을 말하다, 헤겔 **이동희** 163

헤겔은 누구인가 165 | 독일 관념론자들 172 | 헤겔 변증법 177 | 국가와 자유, 정신 181 | 헤겔 철학의 유산 192

세상의 변화를 꿈꾸다, 마르크스 **강영계** 199

마르크스는 누구인가 201 | 마르크스 철학의 배경 206 | 마르크스와 공상적 사회주의 211 | 마르크스와 엥겔스, 그리고 《자본론》 215 | 마르크스 철학의 비판과 수용 224

인간의 실존을 말하다 **이기상** 231

실존이란 무엇인가 233 | 키르케고르, 실존적 결단 237 | 사르트르, 즉자존재 vs 대자존재 244 | 카뮈, 부조리의 철학 249 | 하이데거, 존재물음 253 | 너 자신이 되라 260

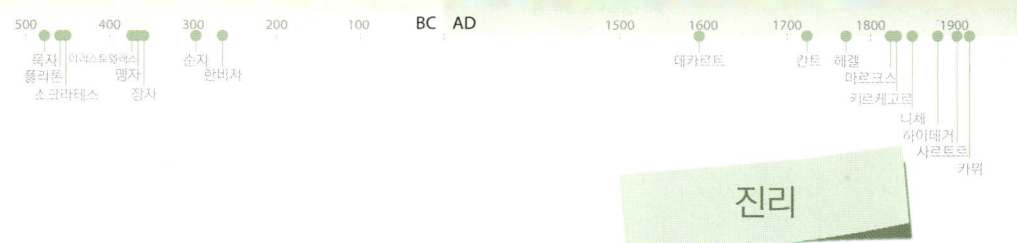

진리

이 시대 도덕을 돌아보다, 소크라테스

| 엄정식 |

"요즘 사람들에게 유별나게 행복이 화두가 되었는데, 그것을 허겁지겁 추구하기보다는 먼저 행복의 개념을 차분히 분석해볼 필요가 있어요. 어떤 의미에서 행복을 말하는 것인지, 혹시 관능적인 쾌락 같은 것과 혼동하고 있는 것은 아닌지 등을 음미해봐야 한다고 생각합니다. 단적으로 말해서, 외양적이고 피상적인 삶의 목표를 추구하기보다는 소크라테스가 말한 대로 우선 자신을 아는 것이 중요하다고 생각합니다. 오죽하면 '너 자신을 알라'고 했겠습니까? 예술가는 예술가대로 자기 본분을 알고, 학자는 학자대로, 종교가는 종교가대로 자기가 누구인지 거듭 묻고 제자리를 찾아야 합니다. 경거망동하고 이리저리 날뛰면 침몰하는 배가 더욱 빠르게 가라앉잖아요. 그래서 이럴 때는 자신이 누구였고, 지금 누구이고, 앞으로 누구여야 하는지를 깊이 생각하는 자세가 절실히 필요하다고 봅니다."

엄정식

서강대학교 철학과 명예교수.
서강대학교 철학과 졸업, 서울대학교 신문대학원 석사, 미국 웨인주립대학교 석사, 미국 미시간주립대학교 철학박사.
한국철학회 회장, 서강대 대학원장 역임
주요 저서 : 《분석과 신비》, 《확실성의 추구》, 《자아와 자유》

혼탁한 사회, 지식인의 모습

김갑수　2,500년 전 아테네 거리를 헤매면서 논쟁을 벌였던 소크라테스. 오늘날 그를 다시 생각하는 데에는 각별한 의미가 있는 것 같습니다. 한국 사회의 현재 상황은 소크라테스가 살았던 고대 그리스 사회의 상황과 매우 흡사한 구석이 있기 때문이죠.

당시 부유층은 자식들을 소피스트들에게 보내서 화술을 가르쳤다죠? 자신이 추구하는 진실을 더 잘 표현하기 위해서가 아니라, 장사와 소송에서 말을 번드르르하게 잘해서 상대를 압도하고 이익을 얻어내는 기술을 배우게 하려고 그랬다는데, 인간적 성숙보다는 '스펙'을 내세워 자신의 유용성을 호소하는 요즘 세태와 그리 다르지 않았던 것 같습니다.

그런 세태에 경종을 울렸던 소크라테스. 대화 상대방으로 하여금 문제에 대한 답을 스스로 찾게 하는 데 남다른 재주를 보였던 소크라테스는 이제 우리 곁을 떠나고 없으니, 소크라테스를 잘 알고 계신

소크라테스

Socrates(BC 469~BC 399)

아테네에서 태어났다. 아버지 소프로니코스는 조각가였고 어머니 파이나레테는 산파였다. 전하는 바에 따르면 후일 소크라테스는 사람들에게 조각가인 아버지처럼 사람들에게 형상을 부여하고, 산파인 어머니처럼 사람들이 지식을 분만할 수 있게 돕는다고 했다. 이것이 소크라테스가 진실에 도달하는 방법으로 채택한 산파술의 유래이다. 그의 추한 외고와 빈곤했던 삶은 잘 알려졌으며, 크산티페와 결혼하여 아들 셋을 낳았다. 그의 성장 과정은 잘 알려지지 않았으며, 짐작건대 마흔을 전후로 자신의 철학 분야와 방법론을 확고히 정립한 것으로 여겨진다.

그가 활동하던 기원전 5세기는 아테네의 정치와 문화가 꽃피었으나, 쇠퇴의 전초기라고 볼 수 있다. 특히 문화적 측면에서 소피스트들의 활동이 두드러졌다.

그의 생애에 걸친 주요한 업적은 영혼의 정화를 의도한 도덕적 성찰이었다. 그때까지 그리스 철학자들은 우주의 본질과 작동의 원리에 주목했으나, 소크라테스에 이르러 비로소 '인간 존재에 대한 성찰'이 철학의 주제가 되었다. 이런 의미에서 소크라테스는 인간을 대상으로 삼은 철학의 시조라 할 수 있다. 또한, 내면적 성찰은 인간을 지탱하는 초월적인 것에 대한 물음이라는 의미에서 소크라테스는 온전한 의미의 철학을 정초한 인물이었다고 할 수 있다.

그는 누구나 토론에 끌어들여서 행복이나 정의, 선, 용기와 같은 주제에 대해 묻고 대답했다. 이와 같은 소크라테스식 문답법은 '그것을 모른다'고 고백함으로써 문답자 상호 간에 무지(無知)를 인정하는 것으로 끝났다. 이때 대화 상대방은 소크라테스가 답을 알면서도 모르는 척한다는 아이러니한 인상을 받았기에, 자신의 무지가 공개적으로 드러난 사람들은 소크라테스의 속셈에 분노하곤 했다. 그러나 소크라테스가 진정으로 원했던 것은 모든 사람이 자신의 무지를 깨닫고 진리 앞에서 겸허한 자세를 가지며, 질문 자체가 해답보다 중요하다는 사실을 깨닫게 하는 데 있었다.

그는 델포이의 아폴론 신전에 새겨진 "너 자신을 알라"라는 격언을 자신의 철학의 출발점으로 삼았으며 '어떤 것에 대한 앎(지식)'과 '앎(지식) 일반'을 구분했다. 그는 한 분야에 정통하거나 분별력이 있다는 것이 아직 지혜 자체에 대해 무엇인가를 알고 있음을 의미하지는 않는다고 보았다.

그는 아무런 저술도 남기지 않았기에 후세는 그의 주변에 있던 플라톤, 아리스토파네스, 크세노폰이 쓴 글을 통해서 그를 알 뿐이다. 그러나 이 세 사람의 묘사는 일치하지 않으며, 오늘날 우리에게는 어느 것이 확실한가를 판단할 분명한 근거가 없다. 이것을 철학사상 '소크라테스 문제라고 부른다.

엄정식 교수님께 여쭤봐야 할 것 같습니다. 선생님은 소크라테스 생존 당시의 아테네 상황과 지금 우리가 처한 상황이 어떤 점에서 유사하다고 보십니까?

엄정식   말씀하셨듯이, 소크라테스의 활동 무대였던 아테네는 오늘날 우리 사회와 구조적으로 매우 흡사했습니다. 물론, 아테네인들은 토가를 입고 샌들을 신고 마차를 타고 다녔고, 우리는 양복에 구두를 신고 자동차를 타고 다니지만, 전통 사회가 급격히 상업화하고 자본화하면서 기존의 가치관이 무너지고 새로운 가치관은 아직 정립되지 않은 과도기적 상태에 있다는 점에서 두 사회가 구조적으로 비슷하다고 볼 수 있겠습니다. 게다가 시민이 옳은 일을 하려고 해도, 과연 어떤 것이 옳은 일인지 판단하기 어려웠던 상황까지도 비슷한데, 이런 것은 새로운 가치체계가 정립되기 전인 격동의 시대에 흔히 일어나는 현상이죠.

소크라테스는 새로운 가치관을 형성하는 데 주력했던 사람이어서 당시 실정법에 맞춰 살기 어려웠습니다. 그래서 이론적 체계의 정립에 열중했던 철학자라기보다 현인(賢人)이었던 소크라테스의 메시지를 오늘날 우리 사회에 그대로 옮겨와도 피부에 와 닿는 내용이 많습니다.

그리고 또 한 가지, 당시 대표적인 지식인 그룹이었던 소피스트, 즉 궤변론자들 역시 오늘날 우리가 흔히 보는 지식인들과 유형적으로 상당히 비슷하다는 점도 지적해야겠군요.

김갑수　방송이나 신문, 저술을 통해 자신을 알리고, 자주 담론을 쏟아내는 유명 지식인들을 말하는 겁니까?

엄정식　모두 그렇다고 볼 수는 없지만, 자기의 지식을 지나치게 과시하거나 상품화하려는 사람들이라고 할 수 있습니다. 그리고 실용주의자나 포스트모더니스트를 자처하는 사람들의 주장을 들어보면 예전 소피스트들의 담론과 거의 흡사하다고 생각합니다. 고르기아스처럼 "아무것도 존재하지 않는다. 존재하더라도 알 수 없다. 알더라도 전할 수 없다"고 주장함으로써 극단적 회의주의자가 되기도 합니다. 여하튼 "진리라는 것은 따로 없다. 무엇이나 진리일 수 있고, 또 모든

철학의 즐거움

나는 철학하는 즐거움을 여러 사람들과 함께 나누고 싶었다. 그것은 어떤 종류의 즐거움인가. 가면을 벗기고 진실을 보는 즐거움이다. 가령 어떤 임금님이 투명한 왕관을 쓰고 투명한 내의에다 투명한 의복에 투명한 장식을 하고 행차하는 모습을 목격한다면 얼마나 즐겁겠는가.

철학은 사물의 본질을 규명하고, 현상에 숨겨진 구조를 밝혀내는 일이기 때문에 위선과 허위의식, 혹은 자만과 허영심 같은 것을 적나라하게 드러내어 준다. 남들에게서 이러한 점들을 발견한다는 것은 분명히 재미있는 일이 아닐 수 없다.

그러나 진정한 의미의 철학하는 즐거움은 자기 자신에게서 그러한 것을 찾아냈을 때 느끼는 즐거움이다. 나는 이러한 즐거움을 스스럼없이 될 수 있는 대로 많은 사람들과 나누고 싶은 것이다.

엄정식, 《철학이란 무엇인가》 중에서

것이 진리가 아닐 수도 있다. 중요한 것은 결과다." 이런 것이 소피스트들의 전형적인 메시지거든요.

그런데 소피스트들과 같은 시대를 살았던 소크라테스는 "우리가 진리를 모르니 더욱 겸손해지고 더욱 진지해져야 한다"고 주장했습니다. 그러니 소피스트들과 심각하게 대립할 수밖에 없었죠.

김갑수   지금 우리가 처한 상황에서 소크라테스를 만나야 하는 이유는 구체적으로 어떤 것일까요?

엄정식   소크라테스의 메시지가 당시 사람들의 주목을 받았다면, 고대 그리스 사회와 구조적으로 유사한 우리 사회 상황에서도 주목받을 만하겠죠. 그런데 정말 중요한 메시지는 이런 것 같습니다. 즉, 우리 주변의 지식인들이 모두 정답을 가진 것 같은 태도를 보이고 있다는 거죠. 그러다 보니, 자기정당화에 급급하고, 근거 없는 말을 계속 늘어놓는다는 겁니다. 특히 인터넷 때문에 이러한 현상이 매우 급속하고 광범위하게 확산하고 있다고 생각합니다. 저는 그분들이 조금 더 깊이 생각하고 고민하는 자세를 보였으면 좋겠습니다. '진리는 이것이다'라고 자의적으로 혹은 독선적으로 단정하는 것은 무모한 행동이죠. 설득과 대화를 통해 진리를 찾아야 합니다. 저는 진리가 서로 다른 주장 사이의 중간 어디쯤 있다고 생각하거든요. 그것이 물론 절대적이고 불변하는 것은 아니지만, 이렇게 겸허한 자세가 소크라테스가 권장했던 것이고, 이것이 또한 오늘날 우리 사회에 필요한 자세라고 봅니다.

악법도 법이다

김갑수   어릴 적 학교에서 배운 바로는 억울한 누명을 쓰고 옥에 갇힌 소크라테스가 '악법도 법이다'라며 독배를 마셨다는데, 언젠가 일본 철학자가 그것은 후세에 정치적 의도에서 조작한 일화라고 주장해서 논란이 일었던 적이 있습니다. 소크라테스가 그런 말을 했다는 기록이 있습니까?

엄정식   소크라테스에 관한 내용은 주로 플라톤의 대화편을 통해 살펴볼 수 있는데, 사실 소크라테스에 대한 플라톤의 글은 거의 우상숭배에 가깝습니다. 반면에 크세노폰이 쓴 《소크라테스의 추억》을 보면 그보다는 공정하게 소크라테스를 묘사합니다. 그런데 '악법도 법이다'라는 구절은 이들 책에서 찾아볼 수 없습니다. 하지만, 자료를 통해 소크라테스의 행동이나 사고를 해석한다면 함축적으로 얼마든지 그런 '해석'을 할 수는 있겠죠.

김갑수 명시적으로 발언한 적은 없지만, 그의 자세가 '악법도 법이다'라는 것이었다면 그 의미는 뭘까요?

엄정식 오해가 없도록 설명해야 하는데, 소크라테스가 '악법은 법이 아니다'라고 말한 것처럼 해석하는 학자도 있고, '악법도 법이다'라고 말한 것처럼 해석하는 학자도 있어요. 애매한 구석이 있으니, 그렇게 해석하는 것을 나무랄 수는 없죠.
저는 여러 정황으로 봐서 소크라테스가 준법정신이 강했다는 것만은 분명히 말할 수 있습니다. 그것은 소크라테스가 얼마나 자기 조국 아테네를 사랑했는지를 보면 알 수 있거든요. 소크라테스는 아테네와 스파르타가 싸웠던 펠로폰네소스 전쟁(BC 431~BC 404) 중에 세 차례나 전쟁터에 나가기도 했고, 30인의 참주가 아테네에서 정권을 잡았을 때에는 그 부당한 처사에 강력하게 저항하기도 했습니다. 소크라테스는 스스로 국법이 악법이라고 명시하지는 않았지만, 비록 마음에 들지 않고, 심지어 자신을 해치더라도 법을 지켜야 한다는 신념이 있었던 것은 분명합니다.

김갑수 법은 인간이 만든 것이니, 악법은 고쳐야 한다는 주장이 지배적인데, 소크라테스는 공동체가 약속하여 법을 정했다면, 자신을 희생해서라도 지켜야 한다는 것을 몸소 보여줬던 거군요.

엄정식 모든 법이 만들어질 때는 다 선한 법이죠. 그러나 세월이 흐르고 이해관계가 달라지면, 그 법이 기능을 상실하는 시기가 오지 않습니까? 그러면 가만히 있어도 악법이 되는 거죠.

그런데 앞서 말씀드렸다시피 소크라테스는 격변하는 시기를 살았잖아요. 더군다나, 당시 아테네는 민주주의의 산실이라는 표현에 어울리게 민법이 있고, 평의회가 있고, 배심원이 있었죠. 그런 와중에 어떤 결정을 내릴 때 서로 대립할 수도 있고, 법을 적용하기 어려운 경우도 많이 있었죠.

실제로 플라톤이 쓴 《소크라테스의 변명》을 보면, 아테네 시민으로 구성된 500명의 배심원이 모여 소크라테스 문제를 논의할 때 피고에

소크라테스의 죽음

기원전 399년 그는 '신에 대하여 불경하며, 청년을 타락시킨다'는 죄목으로 고발당했고, 아테네 의회가 유죄를 인정하여 사형선고를 받았다. 아테네 정부가 소크라테스에 대해 적개심을 품게 된 발단은 분명하지 않다. 기원전 403년 집권세력인 민주파가 이전에 과두파 정치가들의 공포정치 정권을 전복시킨 후에도 소크라테스가 계속하여 아테네에서 활동하는 것을 꺼렸기 때문이라는 추측도 있다. 소크라테스는 플라톤을 비롯한 수많은 제자를 두었는데, 이들의 가족이나 친척이 30인 과두체제에 가담했거나 찬성했던 것이다. 아테네의 통치자들은 소크라테스가 아테네를 떠나 망명하기를 바랐던 것으로 짐작된다. 그러나 소크라테스는 개의치 않고 활동을 계속했다. 플라톤은 《소크라테스의 변명》, 《크리톤》, 《파이돈》에서 스승 소크라테스의 재판 과정과 죽음을 자세히 묘사했다.

소크라테스는 일생을 철학의 제반 문제에 관한 토론으로 일관한 서양철학의 위대한 인물로 평가되고 흔히 4대 성인 중 한 사람으로 불린다. 그의 사상은 제자들에게 전해져 메가라 학파, 퀴니코스 학파, 키레네 학파 등을 이루었고, 특히 수제자인 플라톤의 관념주의로 이어져 이후의 서양철학에 큰 영향을 미쳤다.

대해 상당히 호의적이었어요. 그런데 소크라테스는 배심원들이 자신에게 어떤 판결을 내릴지 전혀 상관하지 않고, 매우 준엄하게 아테네 시민을 꾸짖거든요. 최고의 문화와 교양을 자랑하는 아테네 시민이 어떻게 이럴 수 있느냐, 돈, 명예, 권력에나 급급하다는 게 말이나 되느냐, 다른 도시의 시민도 아니고, 아테네 시민이! 이런 식으로 말입니다. 이러한 상황에서 결국 그는 유죄 판결을 받은 것입니다.

김갑수   2,400년 전에도 요즘 세태와 똑같았던 모양이군요.

엄정식   그 점이 우리 가슴을 치는 거죠. 소크라테스의 말에 자존심이 강한 아테네 배심원들은 상처를 받았겠죠. 그래서 휴식시간이 지난 다음에 재개된 법정의 분위기가 확연히 달라집니다. 이번에는 형량을 정하는 시간이었는데 마침내 사형 언도가 내려져서 독배를 마시게 된 것이죠.

김갑수   그렇게 소크라테스는 독배를 마셨군요. 요즘 젊은이들은 소크라테스의 죽음에 대해 어떤 반응을 보일까요? 실제로 대학생들의 의견을 들어보기로 하죠.

오늘날 대학생들은 소크라테스의 죽음을 어떻게 생각하는가

Q   소크라테스는 왜 독배를 마셨다고 생각하는지요?

A   BC 402년 고대 그리스에 민주정부가 수립되고 소크라테스는 BC 399년에 죽었으니까, 민주정치 상황에서 정당한 재판을 받았으니 판결을 따른 거죠. 소크라테스는 아테네 헌정 하에서 살았던 사람이잖아요. 그래서 자신은 정당한 정부의 판결을 따른다는 데 의미를 부여했겠죠. (전현욱, 서강대 철학과)

Q   소크라테스의 죽음을 어떻게 생각하는지요?
A   소크라테스는 제가 존경하는 철학자 가운데 한 사람인데, 자신이 진리라고 믿는 바를 죽음으로 실천했다는 점에서 가장 존경합니다.
(김은호, 서강대 신문방송학과)

Q   내가 만약 소크라테스라면 어떻게 했을까요?
A   제가 소크라테스와 같은 상황에 있었다면 당연히 같은 판단을 했겠죠. 그러나 상황이 다르다면, 예를 들어 정부가 정당하지 않거나 제가 떠돌이 생활을 해서 아테네에 정착한 지 얼마 되지 않았다면 다르게 생각할 수도 있었겠죠. (전현욱, 서강대 철학과)

A   생명을 해치면서까지 진리를 설파하는 데에는 모순이 있지 않을까요? 어떻게 보면 생명을 보존하는 것보다 더 큰 진리는 없다고 생각하거든요. 그래서 저라면 어떡하든지 죽음을 피했을 것 같아요. 그래서 다른 방법으로 법의 부당성을 알렸을 것 같습니다.
(김은호, 서강대 신문방송학과)

김갑수   학생들이 상반된 반응을 보이는데, 선생님은 이 젊은이들의 말을 어떻게 생각하세요?

엄정식   학생들의 답변이 소크라테스가 어떤 인물인지, 철학이 무엇인지를 함축적으로 보여줬다고 생각합니다. 만약 소크라테스가 종교 지도자였다면, 그 사람의 행동은 무조건 옳고 정당하다고 대답했을 겁니다. 신과 성자는 무오류성과 무조건적 믿음의 대상이잖아요.
그런데 철학은 학문입니다. 학문에는 학문에 임하는 독특한 방법이 있는데 다양한 방식의 논증이 그것입니다. 여기에는 전제가 있고 논증 과정이 있고, 그 과정을 통해 타당한 결론을 도출하죠. 그리고 그 결론을 행동에 옮긴 사례를 소크라테스는 보여준 겁니다. 그래서 아무리 소크라테스가 대단한 사람이라고 해도 전제를 잘못 설정함으로써 학문적으로 오류를 범할 수 있습니다. 그 오류를 지적하려면 의견을 달리하는 논증 과정의 어느 부분에서 좀 더 설득력이 있는 정당한 근거를 제시해야 하죠. 그렇게 함으로써 얼마든지 소크라테스도 잘못 판단했다고 말할 수 있습니다.
소크라테스는 자신이 처한 상황에서 원하기만 하면 탈옥해서 목숨을 구할 수도 있었는데, 그래도 독배를 마시겠다는 결론을 내린 근거가 있습니다. 거기에는 자신의 도덕적 원칙이 있고, 국가관이 있고, 그 정황을 판단하는 자기 인식이 있었죠. 소크라테스의 판단에는 그런 것들이 작용했거든요. 그런데 만약 그런 모든 요소가 옳다면, 그의 결론은 옳은 거죠. 반면에 그의 결론에 동의할 수 없다면, 그가 세운 여러 전제 가운데 적어도 한두 가지에 이견을 표시해야겠죠.

김갑수   결론의 타당성보다는 그 결론에 도달하게 된 과정 등 전체를 살펴봐야 한다는 말씀이군요. 그런데 우리 사회에서는 어떤 경로를 거쳤든, 결과만 좋으면 다 좋다고 생각하잖아요.

엄정식   그래서 오늘날 소크라테스를 다시 생각하는 것이 의미 있는 일이라는 겁니다. 소크라테스는 유죄판결을 받고 감옥에 갇혔잖아요. 그런데 주위의 제자들, 특히 제자이면서 친구인 크리톤이 주동해서 안전한 곳에서 여생을 보내게 할 수 있는 상황을 만들었어요. 소크라테스가 원하기만 하면 탈옥할 수도 있었죠. 정부에서도 철학을 가르치지 않는다는 조건으로 사면을 제안할 정도였고, 심지어 소크라테스를 존경한 옥리도 감옥의 문을 열어놓다시피 했으니까요.

소크라테스는 이런 생사의 기로에서 고뇌하면서 앞으로 자신이 택할 행동의 근거로 세 가지를 염두에 둡니다. 첫째가 자율성이에요. 자율성은 스스로 판단하고 그 판단에 대해 책임진다는 뜻으로, 외부의 강제나 억압, 관습이나 권위, 혹은 유혹에 굴복하여 자신의 행동을 결정하지는 않겠다는 겁니다. 둘째는 합리성입니다. 감정이나 기분에 좌우되지 않고 한 인간으로서 인간답게 서늘한 이성에 따라 판단하겠다는 거죠. 죽음을 목전에 둔 사람으로서는 정말 놀라운 일이죠. 그리고 마지막으로 도덕성입니다. 자신의 선택이 자기 자신이나 가족에게 이로우냐 해로우냐를 따지지 않고 오로지 옳고 그름만을 염두에 두겠다는 겁니다. 이것은 유교적 전통에서 말하는 소인의 처신이 아니라 대인 혹은 군자의 사고방식과 자세를 연상하게 하는 대목이기도 합니다. 물론 어떻게 하는 것이 자율적이고 합리적이고 도덕적인지 구체적으로 들어가면 판단하기 어려운 점이 많이 있겠죠. 궁극적으로는 자기 자신만이 최종적으로 결정할 수 있는 문제인지도 모릅니다. 그런데 정작 중요한 것은 소크라테스가 그러한 것을 행동의 기준으로 받아들였다는 사실입니다. 그것도 지금부터 2,400여 년 전에 말입니다. 사상사적으로 보면 사고와 행위와 책임의 주체로서 한 개인이 탄생했다고 말할 수 있습니다.

김갑수   어떤 의미에서 진정한 개인의 탄생이라고 보시는지요? 그 당시에는 신화적 사고와 아테네라는 도시국가의 공공성 같은 것이 판단의 기준으로 중요하게 작용하지 않았던가요?

엄정식   네, 그것은 사실이죠. 소크라테스도 그것을 전혀 무시한 것은 아닙니다. 플라톤의 대화편을 보면 소크라테스는 여러 차례 신들에 관해 언급했고, 아테네의 시민인 것을 자랑스럽게 생각했어요. 그리고 시민의 한 사람으로 그 의무를 헌신적으로 수행한 것도 사실입니다. 그러나 이 모든 것을 무반성적으로 수행한 것이 아니라 스스로 판단하여 그것이 바람직하기 때문에, 다시 말해 그것이 합리적이고 도덕적으로 옳다고 스스로 믿었기 때문에 그렇게 했다는 거죠. 가령, 어떤 것이 신의 명령이기 때문에 따르는 것이 아니라, 스스로 그렇다고 믿기 때문에 따른다면 그 사고와 행위의 주체는 자기 자신이 되는 것이며 그 책임도 궁극적으로 자신이 지게 되는 거죠. 그 당시의 종교적 관행이나 관습을 뛰어넘는다고나 할까요. 그런 의미에서 이른바 '근대적 자아'가 이미 소크라테스에 의해 탄생했다고 봐도 좋겠죠.

김갑수   그렇다면, 이런 상황에서 소크라테스는 도덕적으로 어떤 원칙을 근거로 삼아 행동했습니까?

엄정식   소크라테스는 이렇게 생각합니다. 첫째, 내 행동이 남을 해쳐선 안 된다. 둘째, 일단 약속했으면 지킨다. 셋째, 효도를 다한다…. 이런 원칙들의 내용을 간단히 설명하자면 이렇습니다. 남을 해치지 않는다는 원칙에 비춰볼 때 만약 자신이 탈옥한다면, 그것은 성실하게 국법을 지키며 사는 아테네인들을 무시하거나 능멸하는 셈이 되고, 결국 그들을 해치는 행위가 된다고 생각했던 거예요. 악법도 법이라는 해석이 여기서 나올 수 있어요. 만약 자신이 국법을 어긴다면, 그 법을 해칠 뿐만 아니라 그 법을 지키는 아테네 사람들도 해치게 된다고 해석할 때 그렇다는 것입니다. 그리고 국법이 악법이라고 해석하여 자신에게 해를 끼친다고 믿기 때문에 도망간다면, 지금까지 지켜온 그 국법과의 약속을 어기는 셈이 된다는 거예요. 국법이 자신에게 유리할 때만 지키고, 불리할 때는 지키지 않는다면 약속이라는 관행 자체가 무너진다는 거죠. 그리고 마지막으로 효도를 언급한 부분에서, 소크라테스는 유기체적인 국가관을 가진 사람이었다고 해석할 수 있는데, 국법을 어기는 것은 어버이와 같은 국가에 대해 불효하는 것과 마찬가지라고 생각했죠. 이런 결론에 도달했기 때문에 도망가지 않고, 독배를 마셨던 겁니다. 이처럼 그의 행동은 판단이 옳으냐 그르냐를 떠나 냉정한 논증의 결론이었다는 점이 우리에게 감동을 주고, 또한 이것이 그의 죽음을 종교적 순교나 애국적 희생과 구분하여 최초의 철학적 순교라고 일컫는 이유이기도 합니다.

우리는 왜 도덕적이어야 하는가

김갑수   오늘날 관점에서 보자면 소크라테스의 도덕관에 대해서는 비판적인 시선도 예상할 수 있겠어요. 왜냐면 국가나 사회보다도 개인의 가치를 더욱 중요하게 여기는 사람이 많은 요즘 같은 시대에 국가를 부모처럼 생각하고 행동한다는 것은 공감을 얻기 어려운 발상일 수도 있잖아요. 그리고 우리가 왜 목숨을 버리면서까지 윤리적인 삶을 살아야 하는지, 그 당위성에 대한 회의도 있을 것 같습니다.

엄정식   매우 전문적인 설명을 요구하는 질문입니다. 이 문제에 대해서는 두 가지 다른 주제로 나누어서 생각할 수 있는데, 하나는 개인과 국가와의 관계에 관한 것이고 다른 하나는 도덕성의 정당화 혹은 합리화와 관련된 문제입니다. 잘 아시다시피 과거에는 동서양을 막론하고 개인은 국가의 일부로서 한 유기체의 세포와 같은 역할을 한다고 생각했죠. 그런데 로크를 비롯한 서양 근대의 정치 사상가들의 등장 이후로 국가는 개인들의 사회적인 계약의 산물일 뿐이라는 사상이 팽배해졌고, 그런 영향을 받아서 민주화를 기치로 내건 정치 혁명이 확산하여 오늘에 이르렀다고 볼 수 있습니다. 그러나 우리는 여기서 이 문제를 좀 더 진지하게 검토해볼 필요가 있다고 생각합니다. 과연 국가나 민족이 단순히 개

John Locke, 1632~1704

인의 복지나 행복을 위해서 자의적으로 만든 도구에 불과한 것인지, 아니면 우리가 부모를 섬기듯 우리의 생존 방식을 가능하게 해준 부분에 대해 어느 정도 무조건적인 의무가 있는 것은 아닌지에 대해서 말입니다. 윤리학에는 우리가 왜 도덕적이어야 하느냐는 질문도 포함되어 있어요. 제가 이해하기에 소크라테스는 이 문제에 대해 중간적인 입장을 취한 것 같습니다. 나 자신에 관해 깊이 통찰해볼 때 나는 국가의 일부이지만 국가도 나를 구성하는 중요한 요소가 된다는 거죠. 따라서 자기 인식에서 자아의 실현과 국법을 준수한다는 의무는 서로 상충하는 것이 아니라고 본 것입니다. 다시 말해 내가 소중한 만큼 다른 사람도 소중하고, 우리 모두의 공동체인 국가도 소중할 수밖에 없다는 인식 말입니다.

김갑수   그렇다는 점을 인정하더라도 소크라테스는 국법을 지키기 위해 목숨을 버리지 않았습니까? 그럴 때에도 개인적 가치와 국가적 의무가 양립되었다고 말할 수 있을까요?

엄정식 제가 이해한 바로는 그렇다고 말할 수 있습니다. 비록 목숨이 걸려 있더라도 국법을 준수해야 한다는 것을, 소크라테스는 충동이나 강제 혹은 유혹에 못 이겨서가 아니라, 합리적 근거를 가지고 자율적으로 판단했기 때문입니다. 여기서 더 보편적으로 제기될 수 있는 것은 도덕성의 정당화 문제입니다. 가령, 내가 약속을 지키는 것이 도덕적으로 옳다고 하더라도 그것을 이행하는 것이 합리적으로 정당화될 수 있는지의 문제입니다. 철학자들이 여기에 대해서 여러 가지 해석을 제시하는데, 예를 들어 칸트는 그런 질문 자체에 이미 답이 들어 있다고 말합니다. 도덕적인 행동이라면 당연히 실천해야 한다는 의미가 질문에 이미 함축되어 있다는 거죠. 쉽게 말해서 그것은 '의무라고 해서 반드시 이행할 필요가 있는가?'라고 해석할 수 있는데, 이것을 다시 풀어쓰면 '이행해야 한다고 해서 반드시 이행해야 하는가?'라는 동어반복의 질문이 된다는 것이죠. 그리고 공리주의에서도 다수에게 이로운 것 혹은 최대 다수의 최대 행복이 궁극적 원리이기 때문에 그것을 정당화하는 더 이상의 원리는 없고, 그렇기에 도덕적인 것으로 여긴다면 그렇게 행동해야 한다는 의미가 이미 포함되어 있다는 거죠. 그런 질문은 메타윤리학적이라고 할까요… 전체의 틀에 관한 질문이어서 합리적으로 대답하기 어렵죠. 그래서 도덕성의 정당화 문제를 '궁극적인 질문'이라고 하는 겁니다.

김갑수 오늘날에는 윤리적 기준이 되는 가치 자체가 불확실하기 때문에 무엇이 윤리적인지 정의하기가 매우 어렵습니다. 예를 들어 성(性) 윤리는 대단히 혼란스럽죠.

엄정식   앞서 말했듯이 윤리적으로 행동하는 것은 어렵지만, 무엇이 윤리적 인가를 정의하기는 비교적 쉽습니다. 종교적 교리를 따른다든가 양심의 소리를 듣는다든가 전통적인 관습을 지킨다는 것 등이 넓은 의미로 윤리적이라고 할 수 있겠죠. 철학적으로도 많은 이론이 나와 있지만 제가 보기에 가장 설득력 있는 대답 가운데 하나가 칸트의 견해인데, 자기 생활신조를 보편화할 수 있다면, 그리고 그것이 누구에게나 적용되는 법칙이 될 수 있다면, 그러한 원칙에 근거해서 나온 것은 윤리적이라는 겁니다. 예를 들어 내가 살인을 저지르지 말아야 할 이유는 처지를 바꿔서 누군가 나를 살해하는 것을 원치 않기 때문에, 그리고 그것이 보편적인 법칙이 될 수 없기 때문이라는 겁니다. 그럴 때 그것은 윤리적이지 않다는 거죠. 그런데 문제는 그러한 원칙을 이행하기가 어렵다는 겁니다. 성 윤리도 마찬가지입니다. 성이 문란해서는 안 된다고 믿고 모두 그렇게 말하고 있지만, 정작 행동은 다르게 하지 않습니까? 더구나 현대의 사회구조가 그런 것을 부추기는 측면도 있고요.

김갑수   우리 사회가 올바른 삶, 윤리적인 삶의 기준에 대해 혼란에 빠진 것만은 분명한 것 같습니다. 그리고 공익을 우선하는 것이 윤리적이라는 생각도 설득력을 잃는 경우가 흔하죠.

엄정식   어느 시대에나 어느 정도의 혼란은 있게 마련인데 현대에 들어와서 그런 현상이 심해진 것은 전통적 가치관이 급격하게 무너지고 있지만, 아직 새로운 가치관이 정립되지 못한 상태이기 때문인 것 같습니다. 특히 우리나라는 동서와 고금이 격돌하는 격동의 시대를 맞이하여 더욱 극심한 상태가 아닌가 하고 생각합니다. 이미 말씀드렸듯이 그러한 점에서 고대 아테네와 비슷하다는 거죠. 그래서 저는 역시 소크라테스의 지혜에서 해답을 찾을 수 있다고 봅니다. 이런 과도기에는 적극적이고 독선적인 해결책을 찾으려고 애쓰기보다는 차선의 방법을 강구하는 것, 선을 실현하는 것도 좋지만 먼저 악을 줄이는 것이 지혜라고 생각하거든요.

요즘 사람들에게 유별나게 행복이 화두가 되었는데, 그것을 허겁지겁 추구하기보다는 먼저 행복의 개념을 차분히 분석해볼 필요가 있어요. 어떤 의미에서 행복을 말하는 것인지, 혹시 관능적인 쾌락 같은 것과 혼동하고 있는 것은 아닌지 등을 음미해봐야 한다고 생각합니다. 단적으로 말해서, 외양적이고 피상적인 삶의 목표를 추구하기보다는 소크라테스가 말한 대로 우선 자신을 아는 것이 중요하다고 생각합니다. 오죽하면 '너 자신을 알라'고 했겠습니까? 예술가는 예술가대로 자기 본분을 알고, 학자는 학자대로, 종교가는 종교가대로 자기가 누구인지 거듭 묻고 제자리를 찾아야 합니다. 경거망동하고 이리저리 날뛰면 침몰하는 배가 더욱 빠르게 가라앉잖아요. 그래서 이럴 때는 자신이 누구였고, 지금 누구이고, 앞으로 누구여야 하는지를 깊이 생각하는 자세가 절실히 필요하다고 봅니다.

김갑수　모든 사람에게는 각자 나름의 삶의 영역이 있죠. 질서를 어지럽히기보다는 그 영역 안에서 깊이 있게 성찰하고 의미를 추구하는 자세가 필요하다는 말씀인가요?

엄정식	제가 생각하기에 소크라테스의 메시지는 적극적으로 행복을 추구하기보다는 참다운 의미의 자기가 누구인지, 다시 말해서 자기가 진정으로 원하는 것이 무엇이고, 할 수 있는 것이 무엇이며, 또 무엇을 왜 해야 하는지를 계속 묻고 자신에게 합당한 모습으로 존재하려고 할 때 행복이 그림자처럼 옆에 와 있다는 사실을 깨닫게 해주려고 했던 것 같습니다.

소크라테스는 말로만 '너 자신을 알라'고 한 것이 아니라, 몸소 그 진실을 실천했잖습니까? 그래서 실제로 자기가 등장한 시기에 필요한 자기 역할을 했고, 또 때가 되어 적절하게 퇴장했던 것이 아닌가 싶어요. 그것이 바로 '너 자신을 알라'는 가르침의 진정한 의미라고 봅니다. 그것은 동양에서 중용의 덕을 이야기할 때 '들고 날 때를 알아야 한다'는 가르침과도 일치합니다.

나중에 러셀은 자기가 너무 오래 살았다고 하면서, 적시에 세상을 떠날 수 있었던 소크라테스가 부럽다고 고백한 적이 있죠.

삶과 죽음의 지혜

김갑수   철학자가 연구하는 철학이 있고, 또 일반인의 생활철학이 있을 텐데, 선생님은 그 간격에 다리를 놓고자 애쓰신다는 생각이 듭니다. 사실 오늘 선생님과 나눈 이야기를 아주 쉬운 말로 줄여보면 '어떻게 살 것인가'라는 질문과 그 해답의 모색이었던 것 같습니다. 그리고 철학한다는 것은 '어떻게 하면 잘 죽는가'를 열심히 생각하는 일이라는 생각도 듭니다.

엄정식   실제로 소크라테스는 철학을 죽는 연습이라고 말한 적이 있어요. 결국, 죽음과 삶은 한 동전의 양면이기에 멋있게 죽는다는 것은 멋있게 살았다는 것을 의미하겠죠.

    사람들은 멋있는 삶이란 곧 자유로운 삶이라고 생각하는데, 진정한 의미의 자유는 당연히 따라야 하는 규범에 억압적으로가 아니라 자발적으로 충실한 것을 말합니다. 그리고 자유에는 두 가지의 의미가 있다는 것도 알아둘 필요가 있습니다. 알렉산더처럼 세계를 정복하고 남을 이겼을 때 경험하는 자유도 있지만, 디오게네스처럼 통나무 속에 은둔해 있으면서 자기 자신을 극복했을 때 실감하는 자유도 있거든요. 정복의 길에는 장애물이 너무 많고 한계가 분명하지만, 극기의 길에는 그런 의미의 장애물이나 한계가 없습니다. 정복의 길을 가는 사람에게는 죽음이 삶의 한계이고 최대의 장애물로 여겨지지만, 극기의 길을 가는 사람에게는 죽음이 삶의 연장이고 또 하나의 통로일 뿐입니다. 전혀 두려울 것이 없죠. 노예 출신의 스토아 철학

철학이란 무엇인가

인생은 순간이며 그 실체는 끊임없는 흐름이다.
지각은 혼탁할 뿐이고 육체는 결국 부패되어 사라져 버리며 영혼은 회오리바람이다. 운명은 예측할 수 없으며 명예는 다만 환상일 뿐이다. 다시 말해 육체에 속하는 것은 모두 흐르는 물과 같고 영혼에 속하는 것은 꿈이며 연기이다. 삶은 투쟁이요, 나그네의 일시적 체류이며, 후세의 명성은 망각이다. 그렇다면, 이런 가운데서 우리를 인도하고 보호하는 것은 무엇인가. 단 한 가지, 철학이 있을 뿐이다.
인간의 마음속에 내재하는 신성을 모독하거나 상처를 입지 않으며 고통과 쾌락을 초월하며 목적 없이는 어떠한 일도 하지 않으며 매사에 신중하고 허위나 위선을 멀리함으로써 다른 사람 일에 쓸데없이 간섭하지 않으며 어떠한 일이 일어나더라도 모든 것은 같은 근원으로부터 나오는 것임을 깨닫고 기어이 받아들이며 죽음이란 다만 모든 생물을 구성하고 있는 최초의 원소로 분해되는 것에 지나지 않는다는 사실을 깨닫고 그리하여 즐거운 마음으로 죽음을 맞이할 수 있게 해주는 것. 그것이 바로 철학이다.

마르쿠스 아우렐리우스, 《명상록》 중에서

자이며 마르쿠스 아우렐리우스가 가장 존경했다는 로마의 철학자 에픽테토스(Epiktetos)는 죽음이 두려운 것이 아니라 죽음에 관한 관념이 두려울 뿐이며, 그런 관념을 뛰어넘었기에 소크라테스의 죽음을 참다운 죽음이라고 했습니다. 오늘날 우리 한국 사회가 몹시 혼란스러운 과도기를 겪고 있는 것 같은데 그 이유 중 하나는 지나치게 물질적 욕구의 충족과 향락 위주의 삶에 집착하고 있기 때문이 아닌가 합니다. 그런 삶에 집착하는 한 갈등과 혼란은 더욱 심화하고 점점 더 깊은 수렁으로 빠져드는 형국이 될 겁니다. 우리가 수렁에 빠졌다면 발버둥치기보다는 움츠릴 줄 알아야 합니다. 그러면 덜 빠지고 좀 더 견디다 보면 다시 도약할 기회도 생길 겁니다. 자기반성을 통해서 삶을 총체적으로 관조할 기회도 자주 만들어야겠죠. 그런 의미에서 마르쿠스 아우렐리우스의 《명상록》에서 말하는 금욕과 성찰의 지혜가 어느 때보다도 필요하다고 생각합니다.

정의

정의로운 삶, 플라톤

| 장영란 |

"플라톤은 당시 아테네 사람들에게 눈앞의 부와 명예에만 집착하지 말고 진정으로 중요한 것을 돌보라고 말합니다. 바로 그것이 그들 자신의 영혼을 돌보는 일이기 때문이었죠. 플라톤은 현대를 살아가는 우리에게도 과연 무엇이 올바른 삶인지 함께 생각해보기를 권유합니다. 예나 지금이나 사람들은 돈이나 명예에 휘둘려 살아갑니다. 지금도 2,400년 전 플라톤이 문제 삼았던 상황은 똑같이 벌어지고 있습니다. 플라톤이《국가》에서 말했듯이 각자가 자신의 영혼을 돌보는 것도 중요하지만, 내 삶이 다른 사람의 삶과 단단하게 연결되어 있고, 나의 역할이 내가 사는 사회와 국가가 더 좋은 방향으로 나아가는 데 직접적인 영향을 미친다는 사실을 잊지 않는다면 모든 사람이 조금은 더 행복해지리라고 믿습니다. 우리는 플라톤이 말하는 정의 또는 올바름에 대한 믿음을 통해 오늘날 이기적인 현대인이 겪고 있는 정신적 파산을 회복할 대안을 찾을 수 있으리라고 생각합니다."

장영란

한국외국어대학교 철학과 강사.
한국외국어대학 철학과 졸업, 동 대학원 석사, 박사.
서양고전철학회 총무이사, 한국철학상담치료학회 교육이사 역임.
주요 저서 :《영혼의 역사》,《플라톤의 국가, 정의를 꿈꾸다》,《장영란의 그리스 신화》

플라톤의 저술

김갑수   우리는 때로 '잘 사는 것'과 '잘사는 것'을 혼동하곤 합니다. 온전한 삶, 조화로운 삶을 살았을 때 우리는 마지막 순간에 일생을 '잘 살았다'고 말할 수 있을 겁니다. 그러나 돈 많고 권력 있는 삶을 산 사람은 '잘살았다'고 말할 수는 있겠지만, 반드시 '잘 살았다'고 말할 수는 없을 겁니다. 미묘한 문법의 차이 같지만, 이 두 가지 삶 사이에는 엄청난 간극이 있음을 부정할 수 없습니다.

소크라테스의 제자 플라톤은 잘 사는 삶의 가치를 어떤 기준으로 평가할까요? 그것은 바로 '정의(正義)'입니다. 인간에게 정의로운 삶을 촉구한 철학자 플라톤의 사고는 어떤 것인지, 이 문제에 지대한 관심을 보이는 장영란 교수에게 물어볼까 합니다.

선생님은 그리스 신화를 사유의 출발점으로 삼아 오늘날 우리의 삶을 돌아보고, 특히 여성성의 문제를 여러 각도에서 다루시는데 신화에 천착하시는 특별한 이유가 있습니까?

플라톤

Plato(BC 427~BC 347)

아테네 세습 왕정 아티케의 마지막 왕 코도로스의 후예인 아버지 아리스톤과 30인 참주 정치를 이끌었던 크리티아스의 사촌 여동생이자 정치가 카르미데스의 친동생인 어머니 페리크티오네 사이에서 태어났다. 그의 아버지가 일찍 세상을 떴기에 어머니는 페리클레스와 절친한 퓌릴람페스와 재혼했다.

초기에 디오니시우스에게서 읽고 쓰기를, 클라튜로스에게서는 철학을, 아리스톤에게서 체육을 배웠다. 체육 교사는 그가 건장한 체격에 이마가 넓었기에 그를 '넓다'는 뜻의 '플라톤'이라는 이름으로 불렀는데, 결국 그것이 그의 이름이 되었다. 그의 본명은 할아버지의 이름을 딴 아리스토클레스였다. 그는 정치가를 지망했고, 그의 두 형은 정치가가 되었다.

21세 때 디오니소스 극장에서 열리는 비극 경연 대회에 참가하러 갔던 플라톤은 극장 앞에서 소크라테스의 강연을 듣고 큰 감명을 받아 비극작가가 되는 것을 포기하고 곧바로 소크라테스의 제자가 되었다.

플라톤은 소크라테스가 죽을 때까지 8년간 그에게서 철학을 배웠다. 스승의 처형 장면을 곁에서 지켜보았던 28세 젊은 철학자는 큰 충격을 받았고, 정치가가 되겠다던 꿈을 버렸다.

플라톤은 소크라테스와 적대 관계에 있던 민주제 지도자들의 보복에 위협을 느껴 메가라로 피신했다. 그리고 아프리카의 키레네와 이집트, 이탈리아 등지를 여행하며 그곳 학자들에게서 수학과 천문학을 배웠다.

플라톤이 시라쿠사를 방문했을 때 플라톤의 영향을 많이 받은 디온이 디오니시우스 1세가 지배하는 시라쿠사의 참주정에 저항하자 플라톤은 아테네로 귀향하게 된다. 그러나 그에게 좋지 않은 감정을 가진 디오니시우스 1세가 플라톤을 태운 배를 아테네가 아닌 아이기나 섬으로 보내어 전쟁 중에 노예로 팔릴 뻔했다. 디온은 디오니시우스 1세가 죽자 그의 아들 디오니시우스 2세를 철인 정치가로 만들고자 플라톤을 시라쿠사로 다시 초대했다. 그러나 디온이 반역죄로 추방당하자 플라톤은 다시 아테네로 돌아와 나중에 아카데미아 학원을 설립했다. 아카데미아 출입구에는 '기하학을 모르는 사람은 여기에 들어올 수 없다'고 쓰여 있었다고 한다. 아카데미아는 기원후 529년 로마 황제 유스티니아누스가 폐쇄 명령을 내릴 때까지 900여 년간 존속했으며 오늘날 대학의 효시가 되었다.

장영란   그리스 신화에는 다양한 분야가 포함되어 있습니다. 오늘날 자주 거론되는 학문의 통합, 융합 혹은 학제 간 연구라고 할 수 있는 것이 신화입니다. 일반적으로 신화를 단순히 '신들의 이야기'로 이해하지만, 신화에는 문학, 역사, 종교, 철학, 예술 등이 담겨 있기에, 철학적 사고 이전 그리스인들의 세계관이나 인간관을 엿볼 수 있습니다. 제가 신화에 관심을 두는 이유 역시 오늘날 여러 분야로 갈라진 다양한 지식과 사유의 원형을 신화에서 찾아볼 수 있고, 철학 이전의 신화적 사고를 살펴볼 수 있기 때문입니다. 그리스 신화는 서구 사상의 근원이라고 할 수 있기 때문에 특히 그리스 철학을 전공하는 저로서는 당연히 철학적 사유의 원형이 되는 그리스 신화를 다루지 않을 수 없어요. 그래서 그리스 신화의 주요 텍스트가 되는 그리스 서사시, 서정시, 비극, 철학 등을 다루다 보니 자연히 신화와 철학 속의 여성의 문제에도 관심을 두게 되었습니다. 그리고 제가 여성이다 보니 여성의 소외와 억압과 관련된 문제들이 눈에 훨씬 잘 띄었기 때문인가 봅니다. 하지만 저의 주요 관심은 철학이고, 신화처럼 인류 보편적 사유의 원형을 담고 있는 구체적인 이야기는 철학적 사유를 설명하기 위한 중요한 도구라고 생각하고 있습니다. 사람들은 대부분 철학을 어렵게 여기지만, 신화는 누구나 쉽게 접근할 수 있다고 생각하죠. 오늘날 이해하기 어려운 추상적 개념이나 공허한 논리로 사람들을 기죽게 하는 학자들과는 달리 소크라테스나 플라톤과 같은 위대한 철학자들은 신화와 비유를 자주 사용했어요. 왜 그랬을까요? 사람마다 차이는 있겠지만, 신화는 누구나 자기 나름대로 이해하고 해석할 수 있기 때문이죠. 그런 점에서도 특히 그리스 철학을 연구하는 사람이 신화를 간과할 수는 없습니다.

김갑수 소크라테스는 고대 그리스의 자연철학을 넘어서 최초로 인간을 사유의 대상으로 삼지 않았습니까? 그의 제자였던 플라톤의 위상을 어떻게 평가할 수 있을까요?

장영란 제가 임의대로 대답하기보다는 현대 철학자 화이트헤드의 명쾌한 대답을 소개하는 편이 나을 것 같군요. 그는 '서양철학의 모든 철학적 주제는 플라톤으로 흘러들어 가서 플라톤에게서 나왔다'고 했어요. 이처럼, 플라톤 철학에는 현대 철학의 매우 다양한 주제가 포함되어 있습니다. 그런 점에서 플라톤은 서양철학에서 결코 간과할 수 없는 아주 중요한 철학자라고 할 수 있죠.

Alfred N. Whitehead, 1861~1947

김갑수 음악으로 말하자면 요한 제바스티안 바흐 같은 존재군요. 그래서 더욱 궁금해지는 점이 플라톤과 소크라테스의 관계입니다. 사실, 우리는 소크라테스의 일생이나 그의 철학을 잘 알고 있습니다만, 소크라테스는 한 줄의 글도 남긴 적이 없잖습니까? 대부분 플라톤의 저술을 통해 모든 것이 알려졌죠.

장영란 그렇습니다. 만약, 플라톤이 없었다면 어쩌면 우리는 소크라테스라는 존재를 전혀 몰랐을 수도 있습니다. 플라톤 덕분에 소크라테스가 있을 수 있었고, 또 소크라테스가 있었기에 플라톤이 있을 수 있었다고 말할 수 있어요. 플라톤은 가장 열정적인 20대 초반에 소크라테스를 만났고, 30대가 되기 전에 소크라테스는 아테네 법정에서 사형선고를 받고 죽습니다. 그 짧은 기간에 소크라테스는 플라톤에게 강렬한 영향을 미쳤고, 플라톤은 자신이 소크라테스의 나이에 이르기까지 소크라테스가 주요 인물로 등장하는 여러 권의 대화편을 씁니다. 많은 학자가 동의하듯이, 초기 저술에서는 원래 소크라테스의 모습을 충실히 그렸지만, 이후의 작품들에서 묘사된 소크라테스의 모습은 사실 플라톤이라고 할 수 있을 정도로 자신의 고유한 사상을 전개합니다. 그래서 엄밀한 의미에서 플라톤을 통해 우리가 알고 있는 소크라테스는 어디까지가 실제의 소크라테스이고, 어디까지가 플라톤인지 구별하기 어려울 정도입니다.

김갑수 플라톤이 스승인 소크라테스를 주인공으로 삼아 다른 사람들을 상대로 철학적 대화를 나누는 방식으로 작품을 쓴 것은 매우 흥미롭군요. 그런데 플라톤은 왜 그런 방법을 고안했을까요?

장영란 사실, 플라톤의 저작이 오늘날 철학자들의 저작과 근본적으로 다른 점은 바로 글쓰기에 있습니다. 근대 이후 철학자는 대부분 플라톤의 제자인 아리스토텔레스식 글쓰기를 하고 있지만, 플라톤은 당시 그리스 비극과 매우 유사한 성격의 작품을 남겼습니다. 플라톤 이전의 철학자는 대부분 《일리아스》와 《오디세이아》의 저자로 알려진 호

메로스의 서사시와 같은 형식으로 자신의 철학적 입장을 표현했는데, 유별나게도 플라톤은 대화 형식을 선택했습니다. 아마도 그것이 대중이 가장 접근하기 쉬운 방식이라고 판단했던 것 같습니다. 실제로 플라톤의 작품을 보면 당시의 비극 작품이 그렇듯이 구체적으로 상황이 설정되고, 인물이 등장하고, 배경이 묘사되는데, 바로 그런 요소가 대중으로 하여금 추상적이고 관념적인 논의로 흐르기 쉬운 철학 담론에 거부감 없이 접근할 수 있게 해주는 것 같습니다.

김갑수　무엇보다도 플라톤은 전문적인 지식인보다는 일반 대중을 염두에 두었다고 생각할 수도 있겠군요.

장영란　그렇습니다. 플라톤은 오늘날 대학의 기원이라고 할 수 있는 자신의 아카데미아에서 제자들과 훨씬 더 깊이 있고 전문적인 철학적 대화를 했겠지만, 저술을 통해서는 대중과 소통하려는 의도가 분명히 드러납니다.

잘 산다는 것

김갑수   요즘 한국인들은 경제 수준이 향상되면서 돈벌이보다는 삶의 질에 대한 관심이 높아졌죠. 소위 '웰빙(well-being)'이라고 해서 건강과 생활환경에 돈을 아끼지 않고 투자하는 모습도 주변에서 흔히 볼 수 있습니다. 그런데 문자 그대로 해석하자면 '잘 사는 것'을 의미하는 웰빙의 개념을 정신보다는 육체에만 집중하는 현상이 아쉬움을 남기기도 합니다.

장영란   플라톤의 《국가》는 인간이 궁극적으로 어떻게 하면 잘 살 수 있느냐는 문제를 가장 큰 주제로 삼고 있습니다. 예나 지금이나 사람들이 살아가면서 가장 큰 관심을 보이는 문제는 역시 '어떻게 하면 잘 사느냐'는 거죠. 이것은 평범한 사람이든 철학하는 사람이든 누구나 늘 염두에 두는 문제입니다. 오늘날 한국 사회에서 웰빙이 관심의 대상이 되고 있는데 이미 2,400년 전 플라톤도 웰빙에 대해 말하고 있습니다. 그러나 요즘 말하는 웰빙은 특정 분야에만 편중된 느낌입니다. 실제로 몸에 좋은 음식이나, 운동, 사는 지역 등 오로지 부와 건강에만 관심이 치우쳐 있잖아요. 그러나 플라톤은 진정한 의미에서 잘 사는 것이 무엇인지를 생각했습니다. 어떤 사람들은 플라톤이 정신적인 측면만 지나치게 강조하고 물질적인 측면을 무시한 것으로 오해하지만, 전혀 그렇지 않아요. 그는 인간의 영혼과 신체가 서로 밀접하게 영향을 미친다고 생각했기 때문에 영혼뿐만 아니라 신체를 훈련하는 데에도 깊은 관심을 보였죠. 단지, 당시 아테네 사람들이 지나치게 부와 건강에만 집중하고 정작 중요한 것에는 관심을 보이지 않기에 영혼을 돌보는 일을 더욱 강조했을 뿐이죠.

김갑수   우리가 플라톤을 생각하면 형이상학이나 존재론 같은 심각한 주제를 떠올리는데, 선생님은 그의 철학이 '개인의 행복'이라는 주제와 깊은 연관이 있다고 하시잖아요? 플라톤의 철학에서 개인의 행복은 어떤 위치에 있는지, 또 《국가》라는 책을 저술할 만큼 공동체의 삶을 중요시한 플라톤에게 개인의 삶과 공동체의 삶은 어떤 관계를 맺고 있는 것으로 여겨졌는지 궁금합니다.

장영란   철학이 처음 시작되었던 그리스의 철학자들은 오늘날의 철학자들처럼 너무 추상적이거나 지엽적인 문제에 집착하지 않았습니다. 물론, 당시에도 철학이 현실에 쓸모 없는 것을 연구한다거나 현실과 동떨어진 것을 연구한다는 비난이 있었습니다. 철학이 시작될 때부터 이러한 오해와 비난이 있었다는 사실은 어쩌면 철학의 숙명처럼 보이기도 합니다. 그러나 플라톤은 물론이고 그리스 철학자들이 가장 관심을 기울였던 철학적 문제는 바로 '잘 사는 것', '좋은 삶', '행복'으로 우리의 일상적인 삶과 매우 밀착된 주제입니다. 그러나 이것은 단지 개인의 차원에 그치지 않고 국가 공동체와 밀접한 관련이 있습니다.

그리스 사회는 아리스토텔레스가 말한 것처럼 인간을 '정치적 동물'로 정의합니다. 이것은 이미 아리스토텔레스 이전에 소크라테스나 플라톤을 포함한 수많은 그리스인이 일상적으로 당연하게 받아들였던 사실입니다. 그리스인들은 인간의 삶이 '폴리스(polis)'라고 불리는 도시국가 안에서 완성된다고 생각하고 개인과 공동체 사이의 긴밀성에 주목했어요. 플라톤은 비록 개인이 어떻게 하면 가장 훌륭한 삶을 살 수 있느냐는 주제를 중심으로 이야기를 시작하지만, 결국 이 개인이 속한 공동체를 어떻게 하면 가장 좋은 국가로 만들 수 있고, 또 그 국가 안에서 개인이 어떻게 하면 행복하고 훌륭한 삶을 살 수 있는가를 논의하다 보니, '국가'라는 제목의 저술도 나오게 된 겁니다. 플라톤에게 개인의 행복은 국가 공동체의 행복과 분리해서 생각할 수 없어요.

김갑수 《국가》에서 플라톤이 전하는 소크라테스와 케팔로스의 대화는 돈을 주제로 삼고 있습니다. 그 시절에도 돈에 대한 관심이 지대했던 모양이죠? 왜 이런 주제로 대화를 시작하는지 궁금하군요.

장영란 세계적으로 가장 유명한 작품 가운데 하나인 《국가》의 첫 장면이

재산이 많으면 왜 좋은가?

소크라테스 : 어르신께서는 많은 재산을 가짐으로써 얻을 수 있는 가장 좋은 것이 무엇이라고 생각하십니까?

케팔로스 : 말해봐야 대부분 사람이 믿지 않겠지만, 소크라테스 선생, 이것은 아셔야 합니다. 사람들은 죽을 때가 가까워지면, 전에 아무렇지도 않게 생각하던 일을 걱정하고 두려워하게 되지요. 예를 들면 전에는 저승에서 벌을 받는 이야기를 대수롭지 않게 웃어넘겼지만, 이제는 그것이 사실이 아닐까 하고 걱정이 되는 겁니다. 늙은 탓도 있지만, 이미 저세상이 가까워져 의심과 공포에 사로잡혀 지금까지 혹시 누군가에게 잘못한 일이 없었는지, 이것저것 헤아리게 되는 것이지요. 그래서 자기 생활에 많은 잘못을 발견한 사람은 마치 어린아이가 자다가 놀라서 깨어나듯이 겁에 질려 앉아 있게 되는 것입니다.

(…)

나에게 돈의 가치가 최대가 되는 것은 다음의 경우라고 생각하오. 그것이 모든 사람에게 적용되는 것은 아니고, 착실한 사람들에게 적용되는 것이긴 하지만. 돈이 있으면 남을 속이는 일이 없게 되지요. 또 신들에게 제물을 바치거나 남들에게 빚을 지고 불안하게 죽는 일은 없기 때문이오. 소크라테스 선생, 우선 이런 일들을 볼 때 분명히 분별력이 있는 사람에게 최대의 효용가치가 있다고 봅니다.

플라톤, 《국가》 1권 중에서

돈 이야기로 시작된다니 참 흥미롭죠. 아주 짧은 일화이지만, 이 대목은 플라톤이 이 대화편을 풀어 나가는 중요한 실마리가 됩니다. 앞서 말했듯이 플라톤은 대화편에서 마치 비극 작품을 쓰듯이 구체적인 등장인물과 장소, 상황 등을 설정합니다. 첫 장면에 나오는 케팔로스라는 인물은 나이가 많고 매우 부유한 상인입니다. 흔히 철학자라면 뭔가 세속에 초연하고 추상적이고 난해한 이야기만 할 것 같은데, 플라톤이 철학자와 부자 사이의 돈 문제로 대화를 풀어 나가는 것을 보면, 그의 기본적인 철학적 입장을 어느 정도 엿볼 수 있습니다. 철학이 일상의 삶과 동떨어진 것이 아니라, 삶과 매우 밀접하게 연관되어 있다는 거죠. 사람들은 '잘 산다'는 것을 돈이 많거나, 권력이 있는 것과 같은 의미로 생각하잖아요. 그런데 케팔로스는 부유하고 나이도 많으니까 어떻게 사는 것이 잘 사는 것인지를 들려줄 수 있으리라 생각했던 거죠. 그리고 플라톤이 이 이야기를 '정의(正義)'라는 주제와 연결하는 대목이 제겐 아주 흥미로웠어요.

김갑수   저는 그 대목이 이해하기 어렵습니다. 《국가》에 나오는 정의의 첫 번째 정의(定意)가 '정의는 친구들에게는 이로우나 나의 적에겐 해로운 것'이잖아요? 이것이 잘 사는 것과 어떤 관계가 있다는 거죠?

장영란   플라톤은 《국가》의 첫 장면에 등장하는 케팔로스를 통해 자연스럽게 '잘 사는 것'이 무엇인지를 풀어 갑니다. 플라톤에게 '잘 사는' 것은 '올바르게 사는' 것입니다. 사실 여기서 '정의'라는 말을 계속해서 사용하는데 '올바름'이라고 생각하는 편이 더 이해하기 쉽고, 우리말로 정의가 두 가지 의미로 사용되니 앞으로는 구별해서 사용하는 것이 좋을 듯합니다.

소크라테스는 케팔로스에게 '돈이 많아 좋은 게 뭡니까?'라고 물어요. 케팔로스는 '남을 속이거나 거짓말하지 않아도 되고, 신이나 남에게 빚지지 않고 죽을 수 있어서 좋다'고 대답해요. 여기서 올바름은 '남에게 빌린 것을 갚는 것'이라는 아주 단순한 정의를 내립니다. 그러나 소크라테스는 여기서 발생할 수 있는 문제를 제기하면서 무기를 비유로 듭니다. '어떤 친구가 내게 무기를 맡겼는데 그 당시 친구는 멀쩡했다, 그런데 무기를 돌려받을 즈음에는 정신이 이상해졌다, 그럴 때 그에게 무기를 돌려주는 것이 올바른 일인가, 돌려주지 않는 것이 올바른 일인가.' 이런 경우를 생각해봐야 한다는 거죠. 다시 말해 빚을 갚는 일이 올바름의 정의가 될 수 없다는 거예요. 그리고 조금 더 세부적으로 들어가서, 올바름은 '각자에게 적절한 것을 갚는 것'이라고 말합니다. 그러나 도대체 누구에게 무엇을 어떻게 갚아야 하는지를 분명히 밝힐 필요가 있어서 '올바름은 친구에게는 이익이 되고 적에게는 해가 되는 방식으로 행동하는 것'이 아니겠느냐고 다시 정의하죠. 만약 이렇게 정의한다면, 나의 적이 누구이고 나의 친구가 누구인가를 규정하는 일이 아주 중요하죠. 그래서 친구와 적을 정의하는 이야기로 대화가 이어집니다.

김갑수 이야기가 뭔가 이상하게 돌아가는 것 같은데요? 일반적으로 사람들은 누구나 친구에게 이익이 되고 적에게는 해가 되도록 행동하잖습니까? 이것이 과연 올바름인가요?

장영란 우리는 누가 친구이고 누가 적이라고 생각합니까? 흔히 내가 좋아하거나 내게 이익을 주는 사람이 친구이고, 내가 싫어하거나 내게 불

이익을 주는 사람이 적이라고 언뜻 생각하죠. 사람들은 누구나 자기를 좋은 사람으로 여기면 좋아하지만, 나쁜 사람으로 여기면 미워합니다. 그런데 바로 여기서 사람들은 실제로 나쁜 사람을 좋은 사람으로 생각하거나 좋은 사람을 나쁜 사람으로 잘못 판단할 수 있습니다. 그러면 나쁜 사람이 친구가 되고 좋은 사람이 적이 되는 이상한 상황이 벌어지죠. 소크라테스는 자기가 좋아하든 싫어하든 또는 자기를 좋은 사람으로 여기든 나쁜 사람으로 여기든 상관없이 진정으로 좋은 사람은 올바른 사람이고 나쁜 사람은 올바르지 못한 사람이라고 합니다. 그래서 친구는 올바른 사람이 되고 적은 올바르지 못한 사람이 되며, 올바른 사람에게 이익이 되게 하고 올바르지 않은 사람에게 해가 되도록 하는 것이 바로 '올바름'이라고 말합니다. 그러나 결국 소크라테스는 올바른 사람에게나 올바르지 않은 사람에게나 해를 입히는 것은 옳지 않다고 주장하죠.

김갑수   그렇다면, 올바름이 무엇인지를 정의하기가 어려워지지 않습니까? 플라톤이 다른 대안을 찾아야 할 텐데 다음에 등장하는 대화자는 '정의는 강한 자의 것'이라고 주장하지 않습니까?

장영란   네. 플라톤은 새로운 인물을 등장시켜 난관을 타파합니다. 그 새로운 인물은 바로 소크라테스의 두 번째 대화자인 트라시마코스입니다. 그는 소피스트로 아주 단순하고 잘난 척하기 좋아하는 재미있는 인물로 묘사됩니다. 그는 '올바름은 강자의 이익'이라고 역설합니다. 처음에 소크라테스는 그 주장에 대해 강력하게 반박하지 못합니다.

그것은 현실 논리에 충실한 주장이기 때문에 소크라테스도 아주 조심스럽게 접근하는 거죠. 예를 들어 사람들은 원칙적으로 자기 자식에게는 올바르게 살라고 가르치지만, 현실적으로 사회가 그렇게 돌아가지 않는다고 생각하잖아요. 그래서 정작 올바르게 살려고 하는 사람을 보면 너무 원칙만 따진다면서 '답답하다', '적당히 하라', '융통성이 있어야 한다'고 핀잔을 주잖아요. 트라시마코스의 주장은 아주 단순한 것처럼 보이지만 사람들에게 상당히 설득력이 있어요. 플라톤도 이 사실을 알고 있기 때문에 소크라테스가 신중하게 접근하도록 대화를 풀어갑니다.

김갑수 트라시마코스의 이런 주장은 2,400년 전의 세태를 반영한 것인데, 오늘날에도 여전히 그의 말이 옳은 것 같다는 생각이 듭니다. 가만히 생각해보면 우리가 옳다고 여기는 도덕이나 규범도 사실상 지배계급의 이익을 반영한 사례가 흔하지 않습니까? 예전에 삼종지도(三從之道)니, 칠거지악(七去之惡)이니 해서 여성들을 도덕적 규범으로 억압하던 시절이 있었죠. 오늘날 시선으로 돌아보면 그런 규범이야말로 남성이 지배하는 사회 이데올로기를 강화하는 수단에 불과하지 않았습니까? 오늘날에도 상황은 그리 달라지지 않은 것 같은데, 그 옛날에 그런 사람들을 상대로 논쟁하려니 소크라테스로서도 어려움이 많았겠죠. 소크라테스는 트라시마코스의 주장을 어떻게 반박했나요?

장영란 소크라테스는 다른 사람의 주장이 잘 이해되지 않거나 자신의 주장과 다를 때, 그 주장에 등장하는 주요 개념들을 다시 한 번 정의하는 식으로 이야기를 시작합니다. 먼저 소크라테스는 트라시마코스가 말하는 강자가 무엇을 의미하는지 묻습니다. 그러자, 트라시마코스는 '가장 엄밀한 뜻으로 통치자'라고 대답합니다. 소크라테스가 다시 전문가나 기술자도 강자에 포함되느냐고 묻자, 트라시마코스는 그렇다고 동의합니다. 그러자, 소크라테스는 전문적 지식이나 기술은 이미 그것을 갖추고 있는 강자보다는 오히려 그것이 없는 약자에게 더 이익을 주지 않느냐고 반문합니다. 의술은 본래 의사보다는 환자에게 도움이 된다는 생각이죠. 여기서 트라시마코스는 어떻게 대답해야 할까요? 트라시마코스는 소크라테스가 한심하고 순진한 사람이라는 듯이 비웃으며 대꾸합니다. '아니, 양치기가 양을 살지게 하고 돌보는 것이 정말 양을 위해서라고 생각하는 겁니까? 양치기가 자신의 양을 소중하게 돌보는 것은 바로 양을 잘 키워 이익을 얻으려는 것이고, 의사가 환자를 돌보는 것도 환자를 통해 이익을 얻으려고 하기 때문이라는 거죠.

김갑수 이번에는 소크라테스가 한 방 얻어맞은 셈이네요. 트라시마코스는 소크라테스에게 세상 물정을 몰라도 너무 모른다는 식으로 말하고 있지 않습니까?

장영란 그렇죠. 플라톤의 대화편에서 논쟁을 바라보는 관전 포인트를 한 가지만 알려 드리죠. 항상 소크라테스가 주인공이라는 점입니다. 플라톤의 대화편에 등장하는 모든 논쟁은 요즘 식으로 말하자면 학벌도

집안도 외모도 한참 모자라는 소크라테스와 당시 사회의 특정분야에서 아주 저명하고 유능한 사람 사이에서 벌어집니다. 그래서 처음에는 상대도 안 되는 게임처럼 보이지만, 반전에 반전이 일어나죠. 그리고 모든 대화는 소크라테스의 승리로 끝납니다. 물론, 절반의 승리지만. 왜냐면 소크라테스는 대화 상대방의 주장을 논박하는 데는 성공하지만 콕 찍어서 정답을 주지는 않기 때문이죠.

자, 이제 소크라테스는 어떻게 해야 할까요? 여기서 세계를 바라보는 관점의 차이가 드러납니다. 소크라테스의 생각으로는 비록 양치기가 양을 돌보는 이유가 양을 키워 고기나 가죽을 팔아 이익을 얻기 위한 것이라고 할지라도, 일단 자신의 기술을 이용해서 최선을 다해 양이 가장 좋은 상태가 되도록 세심하게 돌봐야 한다는 사실은 분명하다는 겁니다. 양치는 기술 자체는 양을 잘 돌보고 보살피는 것이며 나중에 부수적으로 양치기에게 이익을 가져올 수 있습니다. 양치기 기술은 양치기가 나중에 이익을 얻든 얻지 못하든 간에 항상 양치기에게 이익을 주는 겁니다. 따라서 전문적 기술이나 지식도 강자가 항상 이익을 얻는 것은 아니며 오히려 약자가 더 많은 이익을 얻게 되는 상황이 벌어집니다. 소크라테스는 트라시마코스의 주장과는 반대되는 사례를 제시해서 반박에 성공합니다.

김갑수   이런 상황이라면 소크라테스가 트라시마코스에게 판정승을 거둔 것 같기는 하지만, 그래도 뭔가 명쾌한 승리라는 생각이 들지는 않는군요.

장영란   맞습니다. 소크라테스는 트라시마코스의 주장을 반박하여 승리한 듯하지만, 플라톤도 사람들이 아직 설득되지 않았으리라고 짐작했던 것이 분명합니다. 그래서 이번에는 소크라테스의 제자가 직접 나서서 다시 '올바름은 강자의 이익'이라는 트라시마코스의 주장을 뒷받침하는 비유를 듭니다. 그것이 바로 유명한 '기게스의 반지'라는 비유입니다. 이 반지는 톨킨이 소설로 쓰고 영화로도 유명한 〈반지의 제왕〉에 나오는 절대반지와 비슷합니다. 이야기의 내용은 이렇습니다. 어느 날 기게스라는 아주 평범한 인물이 일종의 마법 반지를 얻게 되었는데, 그 반지를 끼면 투명인간처럼 다른 사람들의 눈에 자신의 모습이 보이지 않습니다. 그래서 기게스는 이 반지를 끼고 아무도 모르게 왕을 살해하고 왕비와 결혼하여 최고의 권력을 얻었다는 이야기입니다. 이 비유는 '모든 인간이 사실은 올바르게 행동하지 않는 편이 훨씬 더 큰 이익을 얻을 수 있다는 것을 알고 있지만, 다른 사람들의 시선이나 평판이 두려워서 올바르게 행동하려고 하는 것뿐이다, 실제로는 올바르지 않게 사는 편이 훨씬 이익이다'라는 주장을 펴기 위한 거죠. 더욱이 아무리 올바른 사람일지라도 다른 사람들에게 올바른 사람으로 보이지 않는다면 아무 이익도 없이 손해만 볼 것이고, 올바르지 않지만 다른 사람에게 올바르게 보인다면 이익을 얻을 수 있다는 주장으로 이어집니다.

김갑수   아주 강력한 반론이네요. 소크라테스로서는 반박하기가 쉽지 않았을 것 같군요.

장영란　사실, 제가 보기에 소크라테스의 반박은 지극히 평범하고 원칙적인 선에서 이루어지고 있어요. 여기서 관건은 우리가 올바르지 않게 살지만 다른 사람들에게 올바른 사람으로 보여야 한다는 점입니다. 소크라테스는 먼저 다른 사람들 앞에서 항상 올바른 사람인 척하면서 남의 눈을 피하기는 쉽지 않다고 말합니다. 그리고 비록 운 좋게 남의 눈을 피할 수는 있어도, 신들의 눈을 피하기는 어렵다고 말합니다. 그러나 플라톤은 여기서도 사람들을 완전히 설득하기 어렵다는 사실을 알고 있죠.

김갑수　그렇다면, 플라톤 혹은 플라톤이 내세우는 소크라테스는 정의가 무엇이라고 생각한 겁니까?

장영란　플라톤은 《국가》에서 본격적으로 왜 올바름이 좋은 것인지를 설명합니다. 그리고 어떻게 하면 우리가 가장 훌륭한 삶, 혹은 가장 좋은 삶을 살 수 있느냐 하는 문제에 관심을 보입니다. 개인은 영혼이 올바른 상태에 있을 때 가장 좋은 삶을 살 수 있다는 것이 플라톤의 생각입니다. 플라톤에 의하면 인간의 영혼에는 세 가지 기능, 즉 이성과 기개와 욕구가 있으며, 국가 공동체에도 거기에 상응하는 세 가지 계급이 있습니다. 이성에 상응하는 통치자 계급, 기개에 상응하는 수호자 계급, 그리고 욕구에 상응하는 생산자 계급이 있다는 거죠. 그런데 인간의 영혼이 이성과 기개와 욕구가 잘 조화된 상태에 있을 때를 '올바름'이라고 말합니다. 플라톤은 이성이 기개와 욕구를 적절하게 지배할 때 이러한 영혼의 세 측면이 서로 조화를 이루는 상태에 도달할 수 있다고 말합니다. 이럴 때 우리가 좋은 삶을 살 수 있다는 거죠. 사실, 일상적인 삶을 되돌아보면 욕망이 너무 크거나 기개가 너무 지나쳐서 이성이 통제하지 못할 때 영혼에 병이 드는 경우가 생깁니다. 일반적으로 사람들은 불필요한 욕망 때문에 고통을 겪거나 지나치게 기개가 앞서서 일을 그르치거나 화를 자초하지 않습니까? 오늘날 우리가 이야기하는 정치적 정의나 경제적 정의의 개념과 비교해보면 플라톤이 말하는 올바름은 더욱 근원적이고 원초적인 차원의 정의라고 할 수 있죠.

플라톤의 정치사상

김갑수   그것이 개인 영혼의 올바름이라면, 국가 공동체의 올바름은 무엇입니까?

장영란   플라톤은 마치 동양에서 말하는 소우주와 대우주처럼 개인 영혼과 국가 공동체를 서로 상응하는 관계로 설정했습니다. 그래서 인간의 이성에 해당하는 통치자, 기개에 해당하는 수호자, 그리고 욕구에 해당하는 생산자에게 각각 덕(德) 또는 탁월성이 필요하다고 보았습니다. 즉, 통치자에게는 이성이 탁월하게 발휘되는 지혜가 있어야 하고, 군인과 같은 수호자에게는 기개가 탁월하게 발휘되는 용기가 있어야 하며, 생산자에게는 욕구를 적절하게 통제할 수 있는 절제가 있어야 한다고 생각했죠. 그렇게 각 계층이 각자의 덕 또는 탁월성을 가장 잘 발휘하는 상태가 바로 정의라고 보았던 겁니다.

김갑수   그러나 플라톤이 말하는 이상 국가의 세 계층이 대등한 관계에 있는 것은 아니잖습니까? 그들이 공평하게 똑같은 권한을 가진 것이 아니라, 통치자를 정점으로 하는 피라미드형 권력 구조를 구상했으니 플라톤이 상상한 이상적인 국가는 민주주의와 거리가 멀지 않습니까?

장영란   그래서 칼 포퍼와 같은 철학자들은 플라톤의 정치 철학을 공격합니다. 플라톤이 제시한 사회에는 분명히 전체주의적 특성이 있으며, 모든 구성원에게 자유로운 권리가 보장되지 않기 때문에 플라톤을 '열린 사회의 적'이라고 비난하는 거죠. 사실, 포퍼가 공격할 만한 요소가 분명히 있기는 하지

Karl R. Popper, 1902~1994

만, 플라톤이 궁극적으로 추구하는 이상 국가는 특정 계층의 권력이나 이익을 보호하고 다른 계층에는 권리를 제한하는 억압적인 형태의 사회가 아닙니다. 당시의 그리스인들은 누구에게나 각자 주어진 몫이 있듯이, 통치자나 수호자 계층에도 주어진 몫이 있다고 생각했죠. 그것을 '운명(moira)'이라는 이름으로 불렀습니다. 플라톤은 각자가 자신의 고유한 능력을 탁월하게 발휘할 수 있을 때 개인도 가장 좋은 삶을 살 수 있고, 계층 간의 조화가 잘 이루어질 때 국가도 가장 좋은 나라가 될 수 있다고 생각했던 거죠. 그렇다면, 여기서 가장 중요한 문제는 각자가 자신이 타고난 몫을 어떻게 알 수 있느냐는 겁니다. 플라톤은 바로 교육을 통해서 알 수 있다고 합니다. 사회의 세 계층이 교육을 받아서 한 단계, 두 단계 올라갈 때마다 각자에게 적

절한 몫이 무엇인가를 철저하게 확인하고 검증하는 계기를 통해 각각 통치자, 수호자, 생산자 계층으로 편입할 수 있다는 거죠. 플라톤은 모든 사람이 똑같은 능력을 갖추고 있지 않다는 전제에서 출발해서 모든 시민이 자신의 몫을 적절하고 온전하게 발휘할 때 가장 좋은 국가를 만들 수 있다고 믿었습니다.

김갑수 현대에도 그렇게 생각하는 사람이 많죠. 사람 사이의 태생적인 불평등은 인정할 수밖에 없으니 제도를 통해 기회의 평등을 보장해야 한다는 사고가 오늘날 대부분 사회에서 수용되고 있잖습니까? 이상적인 국가에 대한 플라톤의 구상은 선의에서 출발했겠지만, 자칫하면 전체주의적 사고로 연결될 소지가 있다는 생각이 드는군요.

장영란 그래서 현대 철학자들은 플라톤이 제시하는 이상 국가의 모델이 제대로 이해되지 못할 때 초래될 위험을 경고하고 비판합니다. 그러나 또 다른 측면에서 본다면 플라톤의 주장은 오늘날 급진주의자들도 놀랄 만한 혁신적인 내용을 다분히 포함하고 있습니다. 예를 들어 《국가》를 보면 사유재산의 철폐라든가, 처자 공유제라든가, 남녀평등이라든가, 여성 통치자의 인정과 같은 내용이 나옵니다. 특히, 여성도 철인-왕(philosopher-king)이 될 수 있다는 주장은 당시의 사회에서 대단히 파격적인 견해로 받아들여졌을 겁니다. 왜냐면 당시 그리스에서 여성은 남성보다 열등하다고 생각되어 장애인 남성 정도로 취급되고 인간의 고유한 능력인 이성을 불완전하게 갖추고 있다고 인식되었기 때문이죠. 아마도 당시 그리스인들은 여성이 왕이 되거나 통치자가 될 수 있으리라고는 상상조차 못 했을 겁니다. 그런 상황에서 여성이 최고통치자가 될 수 있다는 소크라테스의 주장은 시대를 너무 앞질러 나온 급진적인 주장이었죠. 사실, 《국가》에서 플라톤이 화자로 내세운 소크라테스 자신도 그 이야기를 쉽사리 꺼내지 못하고 몹시 망설입니다. 플라톤의 저술을 보면 제자들이 소크라테스에게 어떻게 하면 가장 훌륭한 국가가 이루어질 수 있느냐는 질문에 직설적으로 대답하지 못하는 장면이 여러 차례 나옵니다. 소크라테스는 마치 예언이라도 하듯이 제자들에게 '내가 하는 말은 아주 파격적이어서 사람들에게서 비난받을 것'이라고 말합니다. 그러다가 끝내 제자들의 성화를 못 이기고 앞서 말한 급진적인 주장을 펴다가 고대 그리스는 물론이고 현대인들에게까지 많은 오해를 사게 된 거죠.

김갑수   플라톤은 아테네의 현실정치에 참여한 적은 없지만, 시라쿠사의 참주 디오니시우스 2세의 지도자 교육을 맡았던 적이 있지 않습니까? 사실, 플라톤과 시라쿠사는 그리 좋은 인연이 아닌 것 같습니다. 디오니시우스 1세와의 갈등 때문에 노예로 팔릴 뻔한 불운을 맞이하기도 했고, 또 그의 아들 역시 플라톤을 감금하는 등 괴로움을 많이 줬던 것 같아요. 그런데도 현명한 철학자였던 플라톤이 그의 초대에 응해서 아테네의 아카데미아도 버려둔 채 시라쿠사로 갔던 것은 자신의 철인정치 이념을 현실적으로 구현해보고 싶은 욕망이 그만큼 강렬했기 때문이었겠죠. 그러나 현실은 이상과 너무 거리가 멀었고, 결국 플라톤의 시라쿠사 프로젝트는 실패로 끝나지 않았습니까?

장영란   그렇습니다. 《국가》는 아테네의 정치에 실망한 플라톤이 이상적인 국가를 구상하면서 저술한 책입니다. 플라톤의 생애를 보면 그가 처음에 매우 강렬한 열정을 가지고 현실을 개혁하려고 노력했던 것으로 보입니다. 소크라테스에게 사형선고를 내려 실망을 안겨준 아테네의 민주제를 대체할 가장 좋은 정치체제는 무엇이며, 누구나 잘 살 수 있는 좋은 나라를 만들려면 어떻게 해야 할지를 고민했죠. 그러나 모든 것이 실패로 돌아간 이후 플라톤은 더욱 현실적인 대안을 제시하게 됩니다. 그래서 나온 책이 바로 플라톤 후기 저작으로 유명한 《법률》이죠. 가장 지혜로운 왕, 즉 철인-왕의 지배라는 이상이 무너지자, 플라톤은 현실적으로 실현 가능한 '법의 지배'라는 차선의 방법을 선택했던 겁니다. 법률을 기준으로 삼은 국가의 이상을 설정하자, 시민과 국가의 관계도 훨씬 평등해졌어요. 다시 말해 국가의 문제를 해결하는 데 지혜로운 군주보다는 시민에게 기대를 걸었던 거죠.

김갑수   선생님은 플라톤의 국가관이 실현된다면 이상적인 사회의 건설이 가능하다고 생각하십니까?

장영란   플라톤의 실제 삶을 통해서도 알 수 있듯이, 이상은 이상일 뿐, 현실에 적용되었을 때 실패할 가능성이 크죠. 플라톤 자신도 《국가》에서 이상 국가의 비전을 제시하면서 과연 이것이 사람들에게 수용될 수 있을지 의문을 표시하는 대목이 나오거든요. 그러나 플라톤은 모든 시민이 가장 훌륭한 삶을 영위할 수 있는 국가체제를 만들겠다는 이상을 버리지 못했어요. 50~60세가 될 때까지 아주 열정적이었죠. 그러다가 시라쿠사에 가서 자신이 구상했던 이상 국가를 실현하려고 했지만, 여러 차례 실패를 겪잖습니까? 플라톤이 구상했던 정치 제도는 민주제가 아니라 일종의 군주제였어요. 가장 현명하고 지혜로운 왕이 각 시민이 자신의 고유한 능력을 가장 잘 발휘할 수 있도록 사회를 통치하는 것이 플라톤의 이상이었죠.

김갑수 플라톤이 민주주의에 신념이 없었던 것은 소크라테스를 죽음으로 몰아간 '민주주의적' 의사 결정 방식에 혐오를 느꼈기 때문이라는 생각도 듭니다. 그러나 인간의 역사를 돌아보면 실제로 지혜로운 통치자를 찾아보기가 매우 어렵잖습니까?

장영란 네. 그래서 플라톤은 말년에 《법률》이라는 방대한 저술에 매달려서 어떤 사회가 현실적인 상황에서 가장 이상적인가를 설명하고자 했던 거죠.

지식인의 실천적 의무

김갑수　우리가 플라톤을 이야기하면서 '동굴의 비유'를 지나칠 수는 없겠죠. 플라톤이 말하는 동굴의 비유는 널리 알려졌지만, 정작 그 의미를 제대로 이해하기는 쉽지 않은 것 같습니다. 설명해주시면 좋겠어요.

장영란　동굴의 비유는 이상적인 국가를 성립하기 위해 가장 지혜로운 통치자를 교육하는 프로그램, 거대한 교육 프로젝트의 일환으로 제시되었습니다. 그런데 우리는 동굴의 비유를 통해 플라톤의 철학 전체를 한눈에 볼 수 있고, 그가 제시한 다양한 철학적 주제, 즉 인간, 세계, 진리, 사회, 교육 등을 아주 단순하고 쉽게 이해할 수 있습니다. 플라톤은 통치자가 가장 지혜로운 사람, 진리를 인식한 사람이어야 한다고 생각했는데, 동굴의 비유를 통해 왜 우리가 진리를 인식해야 하고, 어떻게 진리를 인식할 수 있으며, 진리를 위해 무엇을 할 수 있는지를 보여줍니다.

플라톤은 우선 인간이 살아가는 세계를 동굴 안과 밖으로 구분합니다. 인간이 태어나면서부터 여러 가지 편견이나 선입견에 사로잡혀 살아가는 현상 세계를 동굴 안의 세계로 설정하고, 이 모든 것을 분명하게 인식하는 세계를 동굴 밖의 세계로 설정하죠. 인간은 스스로 현실에 대한 인식과 결단을 통해 동굴 안의 세계에서 동굴 밖의 세계로 나아갈 수 있습니다. 동굴 밖에서는 진리의 원천으로 상징되는 태양이 비치고 있어서 모든 것을 있는 그대로 인식할 수 있죠.

김갑수   말하자면 동굴 안의 어둠은 무지(無知)를 의미하고, 동굴 밖을 환하

동굴 안으로 돌아오다

만약에 이런 사람이 다시 동굴로 내려가서 이전의 같은 자리에 앉는다면, 그가 갑자기 햇빛에서 벗어나 왔으므로, 그의 눈은 어둠으로 가득 차 있지 않겠는가? (…) 그렇지만, 만약 그가 줄곧 그곳에서 죄수 상태로 있던 사람들과 다시 그림자들을 판별하는 경합을 벌이도록 요구받는다면, 그것도 눈의 제 기능을 회복도 하기 전 시력이 약한 때에 그런 요구를 받는다면, 어둠에 익숙해지는 데 시간이 꽤 걸리기 때문에 비웃음을 자초하지 않겠는가?
더욱이 그가 위로 올라가더니 눈을 버려가지고 왔다고 하면서, 위로 올라가려고 노력할 가치조차 없다는 말을 듣게 되지 않겠는가? 그래서 그들을 해방하여 위로 인도하려는 자를 자신의 손으로 어떻게든 붙잡아서 죽일 수만 있다면 죽여버리려 하지 않겠는가?

플라톤, 《국가》 7권 중에서

게 비추는 태양은 인간을 깨우치게 하는 진리라는 거죠?

장영란　그렇죠. 동굴 안의 세계는 어둠과 무지의 세계이며, 동굴 밖의 세계는 빛과 진리의 세계입니다. 그래서 우리는 동굴 안의 세계에서 동굴 밖의 세계로 나가겠다는 결단을 내려야 합니다. 플라톤은 《국

진리는 실천의 대상이다

진정으로 지혜를 사랑하는 사람은 죽음을 연습해야 하며, 따라서 누구보다도 죽는 것을 무서워하지 않아야 할 것이다. 따라서 진리를 인식한 사람이 동굴 밖에서 돌아와 죽음을 무릅쓰고 진리를 설파하려는 것은 당연하다.

진리는 앎의 대상이기도 하지만 실천의 대상이기도 하기 때문이다. 진리를 알고서도 진리에 따라 살지 않는 사람은 진리를 모르는 사람이다. 또한, 진리를 알고서도 말하지 않는 사람도 역시 진리를 모르는 사람이다.

진리는 보편적인 것이다. 그것은 누구나 알 권리가 있다. 그러나 모든 사람이 알 수는 없다. 진리는 언제나 진리를 사랑하는 사람들에게만 들리기 때문이다. 마찬가지로 진리를 안다고 말하는 사람들은 많지만, 진리를 위해 살아가는 사람은 별로 없다.

진리를 알고 행동하는 사람은 행복하다. 비록 진리를 위해 목숨을 내놓을지라도. 소크라테스는 얼마나 행복했던가.

진리는 영혼을 춤추게 하고 영혼을 노래하게 한다.

장영란, 《플라톤의 국가, 정의를 꿈꾸다》 중에서

가》에서 여러 학문을 연구하고 혹독한 훈련을 통해 진리를 인식하게 되는 험난한 과정을 길게 설명합니다. 그런데 이 동굴의 비유에서 우리가 주목할 점은 진리를 인식하는 과정뿐만 아니라, 진리를 인식한 후에 그것을 실천하는 과정입니다. 일반적으로 동굴의 비유를 말할 때 동굴 안에서 나와 동굴 밖의 세계로 나가는 과정, 즉 진리를 인식하는 것을 마지막이라 생각합니다. 그러나 플라톤은 동굴 밖의 세계에서 진리를 인식한 다음, 다시 동굴 안의 세계로 돌아와야 한다고 말합니다. 동굴 밖 빛의 세계에서 진리를 인식한 사람은 자신이 살았던 동굴 안의 사람들을 생각해야 하며 그들에게 진리를 알려주기 위해 어둠의 세계인 동굴 안으로 되돌아가야 합니다. 예나 지금이나 지식인이 비판받는 이유는 소크라테스가 말하듯이 자신이 알고 있는 것을 행동으로 옮기지 않기 때문이죠. 이를 두고 사르트르는 '행동하지 않는 지식인'이라고 비판하잖아요. 현대 지식인은 말은 그럴듯하게 늘어놓으면서 실제로 행동은 하지 않아요. 플라톤은 동굴의 비유에서 진리를 인식한 자는 반드시 동굴로 돌아와서 자신이 깨우친 진리를 여전히 어둠 속에 있는 많은 사람에게 전해서 그들이 깨닫게 해야 한다고 강조합니다. 플라톤은 이것이 바로 진리를 사랑하는 사람의 사명이자 임무라고 생각합니다.

김갑수 서구에서는 대략 20여 년 전부터 도덕성 회복이 화두가 된 것 같습니다. 얼마 전 하버드대학의 마이클 샌델 교수가 펴낸 《정의란 무엇인가》라는 책이 우리나라에서 수십만 권 팔려나간 것도 같은 맥락에 있다고 봅니다.

냉전체제 붕괴 이후 물밀듯이 쏟아져 들어왔던 신자유주의 열풍, 고삐 풀린 금융자본주의가 남긴 폐해, 도덕 불감증, 환경 파괴 등이 인간과 사회의 근본적인 가치를 돌아보게 했다는 생각이 듭니다. 그러나 프랑스 현대 철학자 앙드레 스퐁빌은 이런 현상을 두고 '도덕으로의 회귀가 아니라, 도덕성 자체가 사라졌기에 도덕의 문제에 천착할 수밖에 없는 상황에 놓였다'는 비관적인 전망도 하는데, 오늘날 현실에 비추어 플라톤의 정의를 이야기하는 것은 깊은 의미가 있는 것 같습니다.

이 같은 현실에서 플라톤의 메시지가 어떤 의미가 있는지 마지막으로 선생님 의견을 들려주셨으면 합니다.

장영란　최근 들어 '정의'나 '도덕'이라는 전통적인 철학 개념들이 사람들의 관심을 끌고 있다는 사실은 약간은 의외라는 생각이 듭니다. 하지만 근대 이후 한국 사회의 병폐를 보여주는 정치적 문제들과도 매우 밀접하게 연관되어 있다는 생각도 듭니다. 플라톤이 말하는 정의 또는 올바름은 현대 정치학자인 마이클 샌델이 말하는 주제나 내용과는 다르게 보이지만, 결국 가장 좋은 삶은 무엇이며, 어떻게 살아야 옳으냐는 문제와 관련이 있다는 점에서는 같을 수 있습니다. 플라톤은 당시 아테네 사람들에게 눈앞의 부와 명예에만 집착하지 말고 진정으로 중요한 것을 돌보라고 말합니다. 바로 그것이 그들 자신의 영혼을 돌보는 일이기 때문이었죠. 플라톤은 현대를 살아가는 우리에게도 과연 무엇이 올바른 삶인지 함께 생각해보기를 권유합니다. 예나 지금이나 사람들은 돈이나 명예에 휘둘려 살아갑니다. 지금도 2,400년 전 플라톤이 문제 삼았던 상황은 똑같이 벌어지고 있습니다. 플라톤이 《국가》에서 말했듯이 각자가 자신의 영혼을 돌보는 것도 중요하지만, 내 삶이 다른 사람의 삶과 단단하게 연결되어 있고, 나의 역할이 내가 사는 사회와 국가가 더 좋은 방향으로 나아가는 데 직접적인 영향을 미친다는 사실을 잊지 않는다면 모든 사람이 조금은 더 행복해지리라고 믿습니다. 우리는 플라톤이 말하는 정의 또는 올바름에 대한 믿음을 통해 오늘날 이기적인 현대인이 겪고 있는 정신적 파산을 회복할 대안을 찾을 수 있으리라고 생각합니다.

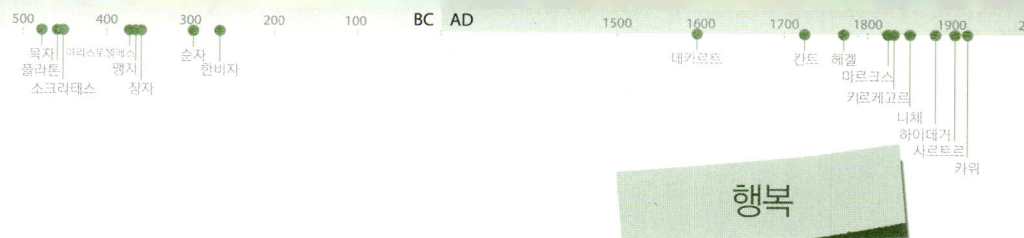

행복

진정으로 행복한 삶, 아리스토텔레스

| 이창우 |

"누구에게나 즐겨 발현하고자 하는 잠재된 능력이 있고 또 사랑하는 대상이 있는데, 사랑하는 대상에 대해 자신이 사랑하는 능력을 최대한 발휘하는 활동이 바로 행복이라는 겁니다. 그리고 그 활동 역시 본인이 사랑하는 활동이어야 한다는 거죠.

오늘날 지극히 자본화한 사회에서 살아가면서 우리는 흔히 자신의 진정한 욕구가 무엇인지, 또 자신이 사랑하는 능력이나 대상이 무엇인지를 모르는 채 살아갑니다. 왜냐하면, 모든 이가 추구하는 돈이나 권력, 명예와 같은 대상에 의해 자신의 욕구 자체가 왜곡되기 때문이죠. 그래서 진정으로 무엇을 욕구하는지, 자신의 어떤 능력을 사랑하는지, 어떤 대상을 사랑하는지를 성찰하고, 발견하고 그에 따라 행동할 때 우리는 행복해질 수 있습니다. 자기 자신을 지각하고 자기 자신을 실패 없이 사랑하는 것, 바로 그것이 아리스토텔레스가 오늘날 우리에게 전하는 행복의 메시지입니다."

이창우

가톨릭대학교 철학과 교수.
서울대학교 철학과 졸업, 동 대학원 석사, 독일 하이델베르크대학교 고전문헌학 수학, 독일 에얼랑엔대학교 철학박사.
주요 저서 : 《니코마코스 윤리학》(공역),《서양의 고전을 읽는다. 인문/자연 편》(공저),《철학텍스트들의 내용 분석에 의거한 디지털 지식 자원 구축을 위한 기초적 연구: 아리스토텔레스 니코마코스 윤리학》(공저)

아리스토텔레스의 윤리학

김갑수   행복이란 무엇인가. 현대를 사는 우리에게 철학자 아리스토텔레스가 이런 질문을 던집니다. 어떻게 대답해야 할까요? 당황스럽죠. 행복은 사랑이나 시간이나 죽음처럼 우리가 그것이 무엇인지는 알지만, 말로 표현하기 참 어려운 개념이기 때문일 겁니다. 그러나 서양 철학의 역사에서 가장 총명한 철학자 가운데 한 사람이었던 아리스토텔레스는 행복에 대한 명확한 정의를 내립니다. 그가 어떤 정의를 내렸는지, 그 철학적 배경은 무엇인지 아리스토텔레스 철학의 전문가이신 이창우 교수에게 설명을 들어볼까 합니다.

선생님은 얼마 전에 아리스토텔레스의 《니코마코스 윤리학》을 우리말로 옮기셨는데, 어떤 계기로 번역하게 되셨는지 궁금하군요.

이창우   조금 거시적인 목적이 있었죠. 정말 훌륭한 서양 고전을 제대로 번역해야겠다고 마음먹고 있었는데, 그중 하나가 《니코마코스 윤리학》이었습니다. 사실, 우리나라에 동양 고전이나 한국 고전은 많이 번역되어 누구나 쉽게 찾아볼 수 있죠. 특히, 학생들의 교과서에는 우리 한문 고전이 우리말로 잘 번역되어 실린 것을 볼 수 있는데, 우

아리스토텔레스

Aristoteles(BC 384~BC 322)

기원전 384년 아리스토텔레스는 트라키아의 북동쪽 해변에 있는 스타게이로스라는 작은 도시에서 태어났다. 마케도니아의 전의(典醫)였던 아버지의 영향으로 어린 시절부터 생물학과 과학 일반에 대한 관심을 보였던 것으로 전해진다.

열일곱 살에 아테네로 간 아리스토텔레스는 플라톤의 아카데미아에 들어갔다. 그는 거기서 20년을 보내며 '아카데미아의 예지(銳智)'라고 불릴 만큼 뛰어난 능력을 발휘했다. 후일 스승의 철학에서 벗어나 자신의 독자적 철학을 구축했지만, 그가 플라톤의 사상과 인품에 깊은 감화를 받은 것은 분명하다. 그는 아카데미아에 체류하는 동안 플라톤의 방식대로 적지 않은 대화편을 저술하고, 대외적으로 출판한 것으로 알려져 있지만, 정작 우리 손에 전승되는 대화편은 없다. 대신 우리 손에 전승되는 그의 텍스트는 대부분 학파 내부 문헌, 즉 강의 노트 혹은 연구 노트이다.

아리스토텔레스가 플라톤의 영향을 받은 것은 사실이지만, 그는 플라톤의 소위 이데아론과 정면 대결해 나가면서 스승의 철학에서 벗어났다. 아리스토텔레스는 수학을 중시한 플라톤과는 달리 경험적 자료에 우선적 관심을 보였고, 추상적인 과학적 사고방식은 살아 있는 자연에 뿌리를 내려야 한다고 믿었다.

플라톤이 죽자 아카데미아의 경영은 플라톤의 조카인 스페우시포스(Speusippos)의 수중으로 넘어갔고, 아리스토텔레스는 아테네를 떠난다.

리말로 잘 옮긴 서양 고전은 찾아보기가 쉽지 않습니다. 그래서 저를 포함하여 세 사람이 이 책을 공동 번역하게 된 겁니다.

김갑수   우선, 《니코마코스 윤리학》이 어떤 책인지 설명해주시겠습니까?

이창우   아리스토텔레스의 《니코마코스 윤리학》은 2,400년의 역사가 있는 서양윤리학의 사고내용이나 사고방식의 프레임을 결정한 가장 중요한 작품 중의 하나입니다. 즉 철학적 윤리학의 효시라고 할 만한 텍스트입니다.

김갑수   그런데 아리스토텔레스는 윤리학을 주제로 《니코마코스 윤리학》 외에 다른 저술도 남기지 않았습니까?

이창우   그렇습니다. 아리스토텔레스에게서 세 가지 윤리학 저서가 전해집니다. 첫째로 '니코마코스 윤리학'이라는 제목이 붙은 두루마리가 있고, 둘째로 '에우데모스 윤리학'이 있고, 셋째로 '대윤리학' 즉 '마그나 모랄리아(Magna Moralia)'라는 문서가 그것입니다. 그런데 이 세 번째 문서는 많은 사람이 위서(僞書)로 판정했어요. 그리고 《에우데모스 윤리학》과 《니코마코스 윤리학》 사이의 관계에 대해서 아직도 논란이 계속되고 있습니다. 한쪽에서는 《에우데모스 윤리학》이 《니코마코스 윤리학》의 초기 버전이라고 주장하고, 다른 한쪽에서는 《에우데모스 윤리학》과 《니코마코스 윤리학》 사이에 발전 과정이라는 것이 따로 없고, 어떤 면에서는 《에우데모스 윤리학》에 아리스토텔레스의 더 깊은 사고가 담겼다고 주장합니다.

김갑수 그리스 철학을 이야기할 때 우리가 흥미롭게 생각하는 점 가운데 하나가 대표적 철학자들 사이의 관계입니다. 소크라테스라는 위대한 철학자가 있고, 그의 제자 플라톤이 있고, 또 그의 제자 아리스토텔레스가 있지 않습니까? 이 세 사람의 성격과 철학이 각기 다르면서도 인류 사상의 역사에 큰 영향을 미쳤는데, 그들 사이의 관계를 살펴보는 것도 재미있을 것 같아요. 예를 들어 요즘으로 치자면 아리스토텔레스는 경쟁심이 아주 강한 우등생이었던 것 같은데 스승인 플라톤의 철학에 대한 비판도 신랄하지 않습니까? 가령, 아리스토텔

니코마코스의 탄생

기원전 348년, 아리스토텔레스는 이전에 아카데미아의 학생이었던 헤르메이아스 왕의 초대로 트로이 근처 아소스로 갔다. 그는 그곳에서 3년간 머물며 저술과 연구에 전념했다. 궁정에 기거하는 동안, 헤르메이아스의 질녀이자 양녀인 피티아스와 결혼하여 딸 하나를 낳았다. 그러나 이후에 아리스토텔레스가 아테네로 돌아가 있는 동안 피티아스가 세상을 떠났다는 소식을 들었다. 그는 얼마 후 헤르필리스와 결합했다. 비록 정식 혼인은 아니었지만, 행복한 결합이었다. 아리스토텔레스는 그녀와의 사이에서 아들을 낳았는데, 그가 바로 니코마코스였다.

아소스에서 3년을 보낸 후, 그는 인접한 레스보스 섬 뮈틸레네에서 제자들을 가르치면서 생물학적 탐구, 특히 해양생물의 다양한 생태를 연구했다.

레스는 플라톤이 너무 이상주의적이고 관념적이라고 비판하는데, 아리스토텔레스는 왜 그토록 스승을 극복하려고 한 겁니까?

이창우 서양 철학에서는 항상 경쟁 정신을 덕목으로 여깁니다. 우리도 청출어람(靑出於藍), 즉 제자가 스승보다 뛰어나다는 표현을 흔히 사용합니다만, 서양 철학사에서는 그런 현상이 더욱 두드러지는 것 같아요. 진리를 위해서라면 스승과의 선의의 지적 경쟁도 불사한다는 정신이 서양에는 있는 것 같습니다. 《니코마코스 윤리학》 제1권 6장에 나오듯이, "친애하는 사람과 진리 둘 다 소중하지만, 진리를 더 존중하는 것이 경건하다"라는 아리스토텔레스 자신의 말이 이 정신을 대변합니다. 이 정신에 따라 아리스토텔레스는 플라톤의 그늘에서 벗어날 뿐만 아니라, 독자적인 사고체계를 제시해서 플라톤의 한계를 극복하겠다는 의지가 있었던 것 같아요. 그러나 아리스토텔레스는 동시에 스승에게 빚을 많이 졌습니다. 비슷한 단어, 비슷한 재료, 비슷한 생각을 스승에게서 빌린 것이 사실이죠. 하지만, 거기에 다른 관점을 투입해서 자신의 고유한 사상으로 만들었죠.

김갑수 너무 방대한 이야기가 되겠지만, 플라톤과 아리스토텔레스의 사고에는 대략 어떤 차이가 있습니까?

이창우 간단히 말하기에는 어려운 주제입니다. 거칠지만 이렇게 이야기하고 싶어요. 상대적으로 플라톤에게는 더욱 근본적이고 더욱 실험적인 측면이 있는 것 같습니다. 남들이 쓰지 않는 방법을 동원해서라도 뿌리 깊숙한 곳까지, 갈 데까지 한번 가보는 거죠. 그리고 플라톤은 하나를 말할 때 둘도 말하는 것 같아요. 무슨 말이냐면, 한 주제만 따로 떼어내서 그것만 이야기하는 것이 아니라 연관되는 주제들을 모두 다루면서 통괄적으로 고찰하려는 경향이 있는 것 같습니다.

이에 반해 아리스토텔레스는 자신의 생각이 아니라 사람들의 생각에서 출발합니다. 그런 점에서 아리스토텔레스는 상식적이라고 말해도 괜찮을 것 같아요. 아리스토텔레스는 철학적 사유의 집을 지을 때 자신의 생각이 아니라, 다른 사람들도 모두 인정하는 상식적인 수준에서 출발하죠. 하지만 그렇다고 해서 상식에만 머무는 것은 아니고 상식을 교정하기도 해요. 중요한 것은, 아리스토텔레스는 항상 상식과 근본적인 지적 통찰 사이의 균형점을 찾으려 노력한다는 점입니다. 그렇기에 그는 철학적 결과물에서도 안정적 균형을 찾으려는 성향이 강한 것 같아요. 나아가, 아리스토텔레스는 단일 주제에 집중하는 경향이 플라톤보다 더 강합니다. 즉, 아리스토텔레스는 지식의 구획화에 따라 사안과 사안을 나누어서 고찰합니다.

김갑수　플라톤의 아카데미아 입구에 '기하학을 모르는 자는 들어오지 말라'고 써 붙였다죠? 반면에 아리스토텔레스가 세운 학교 리케이온에서는 스승과 제자가 산책하면서 다양한 주제를 토론하는 등 분위기가 훨씬 더 자유로웠던 것 같은데, 교육의 방식에서도 두 철학자의 차이를 볼 수 있을 것 같습니다.

행복이 최고선이다

김갑수   아리스토텔레스는 《니코마코스 윤리학》의 첫 대목부터 인간의 모든 행위와 선택은 '좋음'을 목표로 한다고 명확하게 규정합니다. 그 '좋음'이라는 어휘를 흔히 현실적인 의미에서 '선(善)'으로 해석해서 인간은 전체적으로 좋은 삶을 추구한다고 말할 수도 있겠습니다만, 그보다는 더 근본적인 철학적 의미가 담겨 있으리라 봅니다.

이창우   네. 아리스토텔레스가 《니코마코스 윤리학》의 첫 대목에서 말하는 '기예와 탐구'는 기술적이고 지적인 활동, 혹은 학문 활동을 의미합니다. 인간의 문명을 이루는 기술적 행위도 그렇고, 문명의 정수로서 학문을 이루는 지적 활동도 그렇고, 각 개인의 사적인 행위와 사적인 결정도 모두 공통으로 좋음, 혹은 좋은 것을 목표로 삼는다는 겁니다. 첫 대목에 이어지는 문장에 '욕구' 혹은 '추구'라는 말이 나오는데, 공적인 이유에서든 사적인 이유에서든 어떤 활동을 선택하고 결정할 때는 반드시 좋은 것, 혹은 좋음을 추구하고, 그것을 실현하려고 한다는 겁니다.

이처럼 좋음에 대한 추구나 좋음에 대한 욕구라는 동기를 간과한다면 인간의 삶이나 행동을 설명할 수 없다는 것이 《니코마코스 윤리학》 첫 문장의 의미입니다. 여기서 한국어를 모국어로 사용하는 우리에게 한 가지 의문이 생깁니다. 즉, 우리가 영어의 'the good' 또는 'what is good'에 해당하는 우리말을 추상적 개념의 '좋음'으로 이해할 것인지, 아니면 구체적인 사물 혹은 눈에 쉽게 보이는 사태를 지시하는 개념으로서 '좋은 것'으로 이해할 것인지 망설이게 되죠.

좋음(Goodness)

모든 기예와 탐구, 또 마찬가지로 모든 행위와 선택은 어떤 좋음을 목표로 하는 것 같다. 그렇기 때문에 사람들은 좋음을 모두가 추구하는 것이라고 옳게 규정해왔다.

그러나 추구되는 여러 목적들에는 어떤 차이가 있는 것처럼 보인다. 왜냐하면 어떤 것들의 경우 그 목적은 활동이며, 다른 것들의 경우에는 활동과는 구별되는 어떤 성과물이기 때문이다.

행위와 구별되는 목적이 있는 경우에 있어서는 그 성과물이 본성적으로 활동보다 더 낫다.

아리스토텔레스, 《니코마코스 윤리학》 중에서

김갑수 '좋은 것'을 추구한다는 것과 '좋음'을 추구한다는 것은 의미가 많이 다르겠죠.

이창우 그런데 아리스토텔레스는 텍스트에서 두 가지 용례를 다 사용하는 것 같습니다. 예를 들어 돈이나 자동차 혹은 명예나 시험 합격처럼 구체적으로 좋은 사물이나 좋은 상태도 목표가 되어 그것을 추구할 수 있겠죠. 하지만, 그것 외에도 여전히 좋은 것이 있다는 거죠. 예를 들어 축구 선수가 경기할 때 한편으로는 눈에 보이는 구체적인 승리를 목표로 삼아서 축구를 하는 것도 사실이지만, 축구를 하는 행위 자체, 경기하는 활동 자체를 목표로 삼을 수 있겠죠. 이때 행위 자체 혹은 활동 자체는 눈에 보이지 않는, 혹은 구체적이지 않은 것이지만 축구 선수의 목표가 되기도 합니다. 그 축구 선수가 그 경기에서 패배했지만, 최선을 다한 게임이라면 그는 '좋은' 경기였다고 말할 겁니다. 그 경기는 그에게 충만한, 혹은 충족된 경기죠. 그렇다면 그 축구 선수가 90분이 종료된 시점에서 얻게 되는 결과물, 즉 승리도 그의 목표이지만, 결과물과 상관없이 90분 내내 이루어지는 그의 과정적 활동 자체도 목표인 셈이죠. 승리도 좋은 것이지만 승리를 향한 과정 전체도 좋은 것입니다. 후자의 좋은 것은 눈에 보이지 않는, 혹은 잘 드러나지 않는 것이지만 여전히 그의 목표입니다. 그는 축구 자체가 좋아서 축구를 하는 사람이니까요. 이 과정 전체는 눈에 보이지 않는, 혹은 드러나지 않는다는 점에서 우리에게 일견 추상적으로 여겨질 수 있습니다. 그래서 이런 것은 우리말로 '좋은 것'이라기보다는 '좋음'으로 표현되기 십상입니다. 논점은, 우리 인간은 '좋은 것'만이 아니라 '좋음' 역시 추구한다는 거죠. 그리고 행복은 이 두 번째 '좋은 것'의 종류, 즉 '좋음'의 개념 영역에 속한다는 겁니다.

김갑수   삶의 목표가 좋음을 추구하는 데 있다고 해도, 거기에는 어떤 과정이 있지 않습니까? 처음에는 목표였던 것이 나중에 수단이 되고, 또 수단이었던 것이 목표가 되는 사례를 흔히 목격하잖아요. 학생은 좋은 학교에 들어가는 것을 목표로 삼아 열심히 공부하지만, 결국 그것은 더 나은 삶을 살기 위한 수단이 되잖아요. 그렇게 목표와 수단의 단계를 거치면서 최종적으로 가장 궁극적인 목표, 최고선에 도달하지 않겠습니까?

이창우   네, 맞습니다. 아리스토텔레스가 말하는 행복의 형식적인 특징은 그것이 최고로 좋은 것, 최고의 좋음이라는 데 있죠. 아리스토텔레스에게는 좋음의 위계가 중요합니다. 사실, 목적은 좋은 것 혹은 좋음이지만, 하나의 목적이 항상 최고 정점에 있는 것은 아니죠. 어떤 것에 대해서는 목적일 수 있지만, 다른 어떤 것에 대해서는 수단이 될 수도 있거든요. 인간의 삶은 그런 수단과 목적의 위계적 질서로 구성되어 있습니다. 그런데 수학에서 자연수의 질서는 무한 소급을 허용하지만, 인간의 삶은 유한하기 때문에 수단과 목적의 위계적인 계열, 혹은 여러 가지 좋음의 위계적 계열은 무한 소급을 허용하지 않죠. 그래서 어떤 유한한 정점이 있어야 한다는 겁니다. 바로 그 정점이 최고의 좋음, 즉 최고선(最高善)입니다. 최고선은 항상 그것 자체가 욕구의 대상이 되는 거죠.

이런 논리적 사고를 한번 해봅시다. 'A'라는 것이 있고 A는 아래와 같은 두 가지 특징을 지닌다고 가정해봅시다. 첫째, A는 항상 그 자체로서 욕구된다. 둘째, A가 아닌 다른 모든 것들은 A 때문에 혹은 A 때문에도 욕구된다. '~을 위해 추구된다'라는 표현을 사용해서 같은 논점을 달리 말할 수 있습니다. 첫째, A가 A 아닌 다른 어떤 것을 위해 추구되는 일은 결코 없다. 둘째, A 아닌 다른 모든 것은 A를 위해 추구된다. 이 두 가지 조건을 갖추면 우리는 A를 '최고로 좋은 것'이라고 말할 겁니다. 그럼 A는 무엇입니까? 바로 우리가 '행복'이라고 부르는 것이 아니겠습니까?

이성, 행복한 삶의 조건

김갑수   선생님 말씀대로 최고선에 도달하는 것이 바로 행복이라면 거기에 도달하는 방법론이 필요하지 않겠습니까? 아리스토텔레스는 그 방법론으로 중용(中庸)을 언급하는데, 이것이 과연 어떤 것인지 설명해 주셨으면 합니다.

이창우   최고선에 도달하는 것이 행복이 아니라 최고선 자체가 바로 행복이고, 또 행복은 최고선이라는 겁니다. 중용에 관한 논의 이전에 설명해야 할 매우 중요한 문제가 있습니다. 아리스토텔레스가 《니코마코스 윤리학》 1권 7장에서 제시하는 논증이 하나 있습니다. 몇몇 학자는 이 논증을 흔히 '기능논증(機能論證, function argument)'이라고 부르기도 합니다. 내용은 이런 겁니다. 행복이 개념적으로 최고선이라는 것은 알겠는데, 내용상으로 무엇을 행복이라고 하는지 알아보자는 겁니다. 그래서 다음과 같은 논증을 제시합니다. '인위적으로 만든 것이든, 자연적으로 생성된 것이든 간에 각각의 피조물에는 고유한 본성과 기능이 있다.' 이때 아리스토텔레스는 예로 신체기관을 드는데, 눈(眼)에는 그것에만 고유하게 부여된 본성과 기능이 있죠. 동물로 하여금 잘 볼 수 있게 해주는 것, 이것이 눈의 본성이자 기능이고, 이런 본성과 기능을 잘 실현하는 눈을 우리는 '좋은 눈'이라고 부릅니다. 아리스토텔레스가 제시한 예는 아니지만, 심장도 마찬가지죠. 심장에는 그것에만 고유하게 부여된 본성과 기능이 있죠. 혈액을 아주 힘차게 펌프질하는 것, 그것이 본성이자 기능인데, 이런 본성과 기능을 잘 실현하는 심장을 우리는 '좋은 심장'이라고 부릅니다. 마찬가지로 우리는 좋은 자동차를 생각할 수 있겠고, 좋은 컴퓨터를 생각할 수 있습니다. 또한, 우리는 대장장이의 기능을 잘 수행하는 사람을 '좋은 대장장이'라고 부르고, 목공의 기능을 잘 수행하는 사람을 '좋은 목공'이라 부릅니다. 이 사람이 좋은 대장장이, 좋은 목공이라고 해서 우리는 곧 그를 '좋은 사람'이라고 부르지는 않습니다. 아리스토텔레스는 이렇게 묻습니다. 그렇다면, 직업으로서의 인간 말고, 인간의 신체기관 말고, 인간이 생산하는 인공적인 것들 말고, 인간 자체에는 고유한 기능이나 본성이 없을까? 아리스토텔레스는 그런 것이 있다고 말합니다. 인간에게만 고유한 기능이 무언인가를 가만히 생각해보면, 사람들이 '이성(理性)'이라고 부르는, 다시 말해 사유나 언어 활동을 통해서 드러나는 기능이 있다는 겁니다. 그 기능이 바로 인간에게 고유한 기능이고, 동시에 본성이기 때문에 이성적인 능력을 가장 잘 발휘하는 인간을 우리는 '좋은 인간'이라고 부른다는 거죠. 고대 그리스 언어로 말하자면 이런 이성의 능력을 아레테(arete), 즉 '탁월함(excellence)' 혹은 '덕(virtue)'이라고 표현합니다. 그래서 아리스토텔레스의 표현을 그대로 사용하자면, '이성에 따른 영혼의 활동'이 인간을 좋은 인간이게 하는 활동인 거죠.

김갑수 가장 궁극적인 좋음은 인간의 고유한 기능인 이성을 극대화한 상태를 말하겠군요.

이창우 이성은 오로지 인간 종에게만 부여된 고유한 본성, 혹은 기능이기 때문에 그렇다는 거예요. 그리고 '상태'라고 말씀하셨는데, '활동'이라는 말을 강조하고 싶군요. 아리스토텔레스에게 중요한 것은 인간적 고유 기능을 발휘할 수 있는 능력을 갖추고 있는 것이 아니라, 실제로 그 능력을 발휘하는 것, 즉 활동하는 것입니다. 아리스토텔레스가 볼 때 삶은 활동이어야 하고 행복도 활동이어야 합니다. 이성적 능력을 마냥 소유하고 있는 것이 아니라 어떤 맥락에서 이 능력을 현실화하는 과정 자체가 중요한 겁니다.

김갑수 그렇다면, 실질적으로 우리는 그 능력을 어떻게 현실화할 수 있죠?

이창우 이성 능력을 현실화하는 데에는 두 가지 길이 있는데 하나는 진리 탐구 혹은 사유(思惟)라는 활동이고, 다른 하나는 그리스어로 '프락시스(praxis)', 즉 실천이라는 활동입니다. 실천은 가족이나 사회, 국가라는 맥락에서 그것을 위해 실제로 어떤 행동을 함으로써 이루어지는 것을 말하죠. '실천'이라는 활동을 불러오는 이성 능력을 아리스토텔레스는 '성격적 탁월성', 혹은 '성격적 덕'이라고 불러요. 아리스토텔레스가 말하는 성격은 이성적 능력과 단절된 것이 아닙니다. 인간이 한 가족과 사회 내에서 도덕적 존재가 된다는 것은 성격적 탁월성에 따라 가장 정확한 상황 판단을 내리고 실천한다는 의미입니다. 영어, 불어, 독일어에서 '윤리나 도덕'을 지칭하는 어휘는 원래 '성격(ethos)'이라는 말에서 나왔습니다. 여하튼 성격적 탁월성이나 성격적 덕스러움을 최대한 발현하는 삶이 가장 좋은 인간적 삶의 한 패턴이라는 겁니다. 이처럼, 가장 좋은 삶은 행복한 삶이기 때문에 성격적 탁월성을 최대한 발현하는 삶이 바로 행복한 삶이 되는 거죠.

김갑수 이성을 지적인 측면과 성격적인 측면의 두 가지 계기로 나누어 설명하셨는데, 아리스토텔레스는 그 성격적인 측면을 우위에 놓았던 것인가요?

이창우 '우위'라고 말하기에는 곤란한 점이 있습니다. 그리고 바로 이 점이 아리스토텔레스 전문가들을 괴롭히는 논쟁거리입니다. 철학자가 모두 그렇지만, 아리스토텔레스는 욕심이 많은 사람이거든요. 성격적 품성이 최대한 완성된 사람의 삶은 행복하죠. 더군다나 다른 사람들과 부대끼며 살아갈 수밖에 없는 사회적 동물로서 인간은 반드시 훌륭한 품성을 갖춰야 합니다. 하지만, 신 또는 자연은 '인간'이라는 이 특별한 종(種)에 그런 자질이나 본성만 준 것이 아니라, 또 다른 고유한 능력이나 본성을 줬습니다. 다시 말해 사회적 동물로서보다도 때로는 고독한 존재로서 인간에게 우주 삼라만상의 진리를 꿰뚫고자 하는 진리탐구에 대한 강렬한 호기심과 욕구를 줬다는 겁니다. 아리스토텔레스에게는 인간이 이 강렬한 욕구를 충족하지 못하고 그냥 죽는다는 것이 너무도 안타까운 일이었겠죠. 그래서 이성의 그런 계기에 대해서도 중요한 가치를 부여하는, 욕심 아닌 욕심을 부린 겁니다. 바꿔 말하면, 인간은 여러 가지 사회적 맥락에서 실천하는 존재이기도 하지만 그런 맥락들을 초월해서 진리를 사유하는 존재이기도 하다는 점을 아리스토텔레스는 강조합니다. 인간은 자연현상 앞에서 경이로움을 느끼는 유일한 존재니까요.

김갑수 앞서 선생님은 인간의 본성을 잘 발현하게 하는 이성의 활동, 즉 탁월성을 말씀하셨는데, 아리스토텔레스는 이 탁월성이 바로 '습관화된 중용'이라고 했다죠. 이게 무슨 의미입니까?

이창우 '중용'이라는 것은 인간의 행동이 어떤 상황에서 너무 앞으로 나아가지도 않고, 또 너무 뒤로 물러나 있지도 않은 상태를 말합니다. 더 중요하게는, 외적인 행동 자체보다도 그런 행동을 할 때 자신의 쾌락이나 고통과 같은 감정이 일어나는 정도가 과하지도 않고 모자라지도 않을 때 중용의 상태에 있다고 말합니다. 그 중용의 상태가 성격적, 혹은 품성적 탁월성의 표출이 되는 거죠.

김갑수 그 중용의 상태라는 것을 이해하기가 쉽지 않군요. 조금 더 자세히 설명해주셨으면 합니다.

이창우 아리스토텔레스가 중용에 대한 사고를 제시한 것은 아마도 이런 이유인 것 같습니다. 즉, 어떤 행동이 도덕적으로 좋으냐 혹은 나쁘냐를 결정하는 기준은 그 행동의 외부에 있는 고정된 규칙이 아니라는 겁니다. 같은 행동이 상황 A에서는 옳은 것일 수 있지만, 상황 B에서는 옳지 않을 수도 있다는 거죠. 이런 점에서 아리스토텔레스의 중용 아이디어에는 소위 '상황 윤리'와 비슷한 생각이 들어 있는 것 같기도 합니다. 그러나 상황 윤리와 아리스토텔레스 윤리학 사이의 차이점도 있습니다. 아리스토텔레스 윤리학에는 어떤 도덕적 결정력이 있습니다. 그리고 아리스토텔레스 윤리학은 사람 중심의 윤리학입니다. 무슨 말인고 하면, 중용을 갖춘 덕스러운 사람의 모델이 규범이나 규칙을 대신합니다. 중용의 품성을 갖춘 사람은 어떤 행동이 어떤 상황에서 옳으냐, 그르냐를 결정할 수 있다는 겁니다. 다시 말해 어떤 외적 규범이 도덕적 옳음을 결정하는 것이 아니라, 중용적 품성의 사람이 옳음을 결정합니다. 중용의 윤리학은 규칙에 의존하지도 않지만 그렇다고 어떤 도덕적 결정력을 결여하는 것도 아닙니다.

김갑수 저는 중용이라는 것이 더하지도 덜하지도 않은 중간, 모나거나 극단적이지 않고 원만한 것을 뜻한다고 생각했는데, 선생님 설명을 듣고 보니 아리스토텔레스가 말하는 중용은 상대주의적 태도를 뜻하는 것 같지 않군요.

이창우 아리스토텔레스는 중용을 설명하는 비유로 궁사를 예로 듭니다. 중용은 궁사가 화살로 정확하게 과녁을 맞히는 행위와 같은 것입니다.

궁사는 과녁의 한가운데를 꿰뚫어야 하죠. 물론 과녁의 크기, 과녁과 궁사 사이의 거리 등은 그때그때 다릅니다. 그러나 중요한 것은, 궁사는 항상 과녁 한가운데를 맞혀야 한다는 점입니다. 쏘는 행위의 맥락과 상황 그리고 과녁의 크기는 그때그때 다르지만, 한가운데를 맞혀야 한다는 목표는 언제나 동일하고 이미 결정되어 있습니다. 그리스어로 '중용(to meson)'이라는 어휘 자체가 '가운데'를 뜻합니다. 따라서 중용 아이디어는 상대주의가 아닙니다. 중용의 품성을 갖춘 사람은 궁사가 과녁을 맞히듯이 정확하게 목표를 맞힙니다. 따라서 '좋은 게 좋다'는 식의 뉘앙스가 있는 동양적 중용과는 오히려 반대되는 개념이라고 볼 수 있어요. 아주 치밀하고 정확한 판단과 행동을 요구합니다. 더도 않고, 덜도 않은, 한가운데의 감정 표출과 행동을 요구한다는 말입니다.

행복한 삶을 위한 덕목들

김갑수 《니코마코스 윤리학》에서 아리스토텔레스는 현실주의자답게 우리가 현실에서 덕을 어떻게 실현할 것인지 상세하게 설명합니다. 그가 열거한 덕목의 목록을 한번 훑어보죠. 용기, 절제, 관후, 긍지, 온화함, 수치심, 정의… 정말 여러 가지인데 예를 들어 용기는 현실적으로 어떻게 실현될 수 있을까요?

이창우 좋은 용기, 훌륭한 용기는 역시 중용 상태에 있어야겠죠. 지나치게 용기가 많으면 만용(蠻勇)이 되고, 또 용기가 모자라면 겁쟁이가 되죠. 만약 아리스토텔레스가 21세기에 살아 돌아와서 영화 〈터미네이터〉나 〈람보〉를 본다면, 주인공들의 활약을 보고 용감하다고 생각하지 않을 겁니다. 왜냐면 두려움이라는 감정이 전혀 없는 상태를 용기라고 부르지 않으니까요. 두려움이 너무 많아도 탈이지만, 그게 너무 없어도 중용이 아닙니다. 그것은 인간적인 용기가 아니죠.

김갑수   사람마다 용기의 정도가 다를 것 같아요. 어떤 사람은 천성적으로 겁이 없어서 남들이 모두 두려워하는 일을 서슴없이 할 수 있지만, 또 어떤 사람은 위험한 상황에서 한 걸음 내딛는 것도 큰 용기를 낸 결과일 수 있잖아요.

이창우   상황마다 요구되는 중용의 용기가 다른 거죠.

김갑수   그럼, 정의는 어떻게 실현됩니까?

이창우   정의는 용기와 다릅니다. 정의는 인간들 사이에서 호혜적(互惠的)인 거예요. 주고받는 것이죠. 구체적으로 말하자면 정의는 사회 안에서 실현되는 '관계적 덕'입니다.

자, 이런 경우를 가정해보죠. 어떤 사람과 상업 거래를 하는데, 나는 늘 손해만 보고 상대방은 항상 이익을 취합니다. 그런 사실을 나도 알고 상대방도 알아요. 이렇게 당하기만 하는 사람, 당하는 걸 알면서도 인내하는 사람의 품성을 우리 동양적인 사고에서는 미덕으로 간주하죠. 아, 참 무던하고 착한 사람이다, 호인이다… 이렇게 평가하잖아요. 그런데 고대 그리스에서 그런 사람은 정의로운 사람이 아닙니다. 나보다 많은 것을 취하는 사람도 정의롭지 못하지만, 그것을 뻔히 알고도 묵인하는 사람 역시 정의롭지 못한 사람으로 간주하죠. 정당한 자신의 몫을 주장하지 않는 사람, 더 중요하게는, 자신의 몫을 부당하게 취하는 상대방에게 그 부당성을 지적하지 않는 사람은 정의롭지 않은 사람입니다. 그 사람은 자신과 상대방 사이의 '동등한'

관계 유지를 포기하기 때문에, 도덕적 관계를 저버리는 사람입니다.

김갑수   정의를 이야기하다 보니까, 소크라테스의 죽음이 떠오릅니다. 이전에 소크라테스를 죽음으로 몰았던 아테네 법정이 아리스토텔레스에게도 중죄를 선고하지 않습니까? 우선, 왜 이런 일이 벌어졌는지 궁금하군요. 아테네 사람들이 위대한 철학자 죽이기에 무슨 재미를 들인 것도 아닐 텐데요.

이창우   알렉산더 대왕이 죽자, 그때까지 마케도니아의 사실적 지배를 받고 있던 아테네는 반란을 일으킵니다. 그리고 마케도니아와 연루된 자들을 숙청하기 시작하죠. 그 과정에서 아리스토텔레스도 반역자로 지목된 겁니다. 그런데 아리스토텔레스가 실제로 마케도니아와 연루되었는지는 역사학적으로 확실히 증명된 것은 아닙니다. 여하튼 아리스토텔레스는 부당하다고 느꼈을 거예요. 아리스토텔레스가 아테네 공권력과 아테네의 공적 권위에 대해 반응한 방식은 소크라테스와 달랐던 것으로 보입니다. 아테네 공권력, 정확히 말하면 법정의 명령을 거부하지 않고 받아들였던 소크라테스와는 달리 아리스토텔레스는 도피를 선택했습니다. 왜 그랬을까요? 이에 대해서는 사료가 없습니다. 순전히 저의 개인적인 추측입니다만, 아리스토텔레스는 '실정법이 곧 법은 아니다. 정의가 결여된 법이라면 굳이 지켜야 할 이유가 없다'고 생각했을지 모릅니다. 그리고 또 한 가지, 소크라테스와는 달리 아리스토텔레스는 이방인이었습니다. 아테네가 자신의 고향도 아니고, 본거지도 아니었죠. 따라서 남의 나라에서 재판을 받고 사형당해야 할 이유가 없다고 판단했을지도 모릅니다.

김갑수 앞서 말씀하셨듯이 정의는 호혜적인 것인데, 아테네 법정이 옳지 못한 판결을 내려도 그대로 따른다는 것은 아리스토텔레스가 생각하는 정의의 개념과 맞지 않으니 법을 피해 달아날 수도 있었겠군요. 소크라테스와는 사뭇 다른 경우인 것 같습니다.

자, 이번에는 '필리아(philia)', 그러니까 친애(親愛)에 대해 알아보죠. 아리스토텔레스의 친애 개념은 사람과 사람 사이의 친밀한 사적인 관계를 말하죠. 아리스토텔레스는 사람들과 관계를 잘 맺는 것이 좋

아리스토텔레스의 죽음

기원전 323년 알렉산더가 갑자기 세상을 떠난 직후에 발생한 반(反)마케도니아 여론은 아테네에서의 아리스토텔레스를 매우 난처한 상황에 몰아넣었다. 그는 그때까지도 마케도니아와 밀접한 관계를 맺고 있는 사람으로 비쳤기 때문이었다. 소크라테스가 아테네의 법정에 불경죄로 기소되었던 것처럼, 아리스토텔레스도 국가적 불경죄 혹은 그와 유사한 죄로 고소될 위험에 직면했다. 그는 "아테네 시민이 철학에 대해 또 한 번 죄를 짓지 않게 하고자" 리케이온을 떠나 칼키스로 피신한다. 하지만 그는 그곳에서 1년 후 사망한다. 그는 유서에서 친지들에 대한 배려는 물론, 노예들의 처우까지도 소상히 언급했다. 그는 자신의 노예들을 팔지 말 것과 몇몇의 노예들은 자유인으로 해방시킬 것을 유언했다. 소크라테스와 플라톤이 그랬던 것처럼 아리스토텔레스의 사상도 서양철학사 및 지성사에 결정적인 영향력을 발휘하여 오늘날까지 그 전통이 이어지고 있다.

음을 추구하는 길이고, 그것을 선(善)이라고 보았던 건가요? 굳이 다른 사람들과 관계를 맺지 않아도 스스로 독자적인 세계를 구축하고, 스스로 행복을 찾으며 살아갈 수도 있지 않겠습니까? 왜 친애가 필요합니까?

이창우   친애가 필요한 이유는 인간이 본성상 사회적 동물이라는 상식적인 이유를 넘어섭니다. 거기에는 깊은 철학적 이유가 있습니다.

거울이 없다면, 아무도 자신의 모습을 선명하게 볼 수 없습니다. 고대 그리스 시대에는 거울이 있긴 했지만, 구리로 만들어져서 사람들은 자신의 모습을 선명하게 비춰볼 수 없었습니다. 흐릿하게 보였을 뿐이죠. 오히려 타자의 눈동자에 비친 자신을 더욱 선명하게 바라볼 수 있었죠. 이것은 인간의 외모에 국한된 이야기가 아닙니다. 인간은 자신의 내면을 스스로 볼 수 없습니다. 이 세상의 어떤 거울도 인간의 내면을 비출 수는 없죠. 인간은 자신이 누구인지를 모른다는 겁니다. 그런데 인간에게 자기 인식은 없지만, 자기애는 있습니다. 스스로 누구인지는 모르지만, 그 모르는 자신을 사랑하죠. 이처럼, 자기 인식과 자기애의 불일치가 바로 친구가 필요한 이유입니다. 내가 나를 사랑하려면, 사랑하려는 대상, 즉 자기가 어떤 사람인지, 나의 특징을 똑똑히 봐야 하는데, 나는 나를 볼 수 없잖아요. 그래서 나와 가장 비슷한 자, 즉 내 친구의 눈동자에 비친 내 모습을 바라봐야 한다는 겁니다. 내 친구가 지각하고, 내 친구가 파악하고, 내 친구가 사랑하는 어떤 인격적 형상을 나도 같이 지각하고, 같이 파악할 필요가 생기는 거죠. 친구의 눈동자에 비친 그 형상을 나도 지각하고,

파악해야 하죠. 그 형상을 사랑하는 일은 자기애를 실현하는 일이지만, 이 일은 친구의 얼굴과 친구의 눈동자를 바라보는 일과 분리되지 않습니다. 두 가지 일이 한꺼번에, 그리고 동시에 일어나는 겁니다. 그리고 이 일은 그 자체로 즐거운 일입니다. 자기 사랑과 친구 사랑은 분리되지 않습니다. 바로 이런 맥락에서 아리스토텔레스는 '친구는 나의 두 번째 자아'라고 말했던 겁니다. 그러니까, 어떻게 보면 자기애가 가장 강한 사람에게 오히려 우정이 절실하게 필요하다는 생각을 아리스토텔레스는 표현한 겁니다. 그래서 행복을 원하는 사람은 친구가 필요한 거죠.

김갑수   가정에서 아버지가 좋은 말과 좋은 습관으로 모범을 보이면, 그런 모습을 보고 자란 자녀가 좋은 시민이 되리라는 것은 의심의 여지가

윤리와 정치

그런데 이 일은 지금까지 논의된 것에 비추어 보건대, 입법의 능력을 구비하게 된다면 더 잘할 수 있을 것처럼 보인다.
이때의 법은 문자로 쓰인 것이든 그렇지 않은 것이든, 또 그 법에 의해 한 사람이, 혹은 여러 사람이 교육되었든, 아무 차이가 없을 것 같다.
왜냐하면, 폴리스에서 법과 관습이 힘을 가지고 있는 것과 마찬가지로 집에서는 아버지의 말과 습관이 힘을, 더구나 혈연관계와 아버지가 베푸는 선행으로 말미암아 더욱 큰 힘을 가지고 있기 때문이다.
자식들은 아버지를 좋아하며 잘 듣는 본성을 갖고 태어나는 것이니까.

아리스토텔레스, 《니코마코스 윤리학》 중에서

없습니다. 아리스토텔레스는 《니코마코스 윤리학》에서 윤리와 정치의 관계를 언급하는데, 어떤 내용인가요?

이창우   아리스토텔레스는 《니코마코스 윤리학》 10권 후반부에서 윤리학과 정치학 저술과의 연결, 혹은 정치학적 논의와의 연결을 제시합니다. 그래서 많은 학자가 《니코마코스 윤리학》이 정치학과 직결되어 있다는 점을 지적하는 겁니다. 그 지적에 저도 동의합니다. 실천적 탁월성, 또는 품성적 탁월성을 갖춘 인간이 그 탁월성을 표출하려면 반드시 맥락이 있어야 합니다. 그 맥락이 작게는 가족공동체이고, 크게는 직접민주주의가 발현되는 폴리스 공동체죠. 자아실현의 물질적인 혹은 사회적인 터전이 없으면 자신의 잠재적 능력, 즉 실천적 능력을 발휘할 수 없습니다. 따라서 폴리스 공동체에서 그가 하는 정치적 활동은 정치가가 되기 위한 것이 아니라, 인간에게 주어진 실천 이성의 능력을 가장 탁월하게 발휘하려는 목적을 위한 것입니다. 다시 말해 정치는 개인이 자신을 실현하는 맥락적 매개체가 되는 겁니다. 그런 의미에서 윤리적 사고와 정치적 사고는 서로 연결되어 있습니다.

행복한 삶을 위하여

김갑수　이제 선생님과 처음 대화를 시작하면서 제기했던 질문, '행복이란 무엇인가'라는 질문에 대한 아리스토텔레스의 대답을 들을 때가 된 것 같습니다. 아리스토텔레스가 생각한 행복은 어떤 것이었죠?

이창우　아리스토텔레스가 생각하는 행복은 아주 적극적인 개념입니다. 인간의 내면에는 욕구의 가장 강렬한 형태인 '자기 사랑'이라는 것이 있는데, 그것을 실현하는 것이 바로 행복이라는 겁니다. 이것은 동양 불교나 중세 기독교 신앙이 지향하는 금욕주의적 행복과는 많이 다르죠. 아리스토텔레스는 욕구를 숨기지 말라고 말합니다. 욕구가 있으면 그것을 드러내고, 충족하라는 거죠. 물론, 여기서 말하는 욕구는 생물학적 욕구가 아니라, 인간 고유의 본성, 또는 인간 고유 기능으로서의 이성적 계기와 결합한 욕구를 말합니다. 누구에게나 즐겨 발현하고자 하는 잠재된 능력이 있고 또 사랑하는 대상이 있는

데, 사랑하는 대상에 대해 자신이 사랑하는 능력을 최대한 발휘하는 활동이 바로 행복이라는 겁니다. 그리고 그 활동 역시 본인이 사랑하는 활동이어야 한다는 거죠.

오늘날 지극히 자본화한 사회에서 살아가면서 우리는 흔히 자신의 진정한 욕구가 무엇인지, 또 자신이 사랑하는 능력이나 대상이 무엇인지를 모르는 채 살아갑니다. 왜냐하면, 모든 이가 추구하는 돈이나 권력, 명예와 같은 대상에 의해 자신의 욕구 자체가 왜곡되기 때문이죠. 그래서 진정으로 무엇을 욕구하는지, 자신의 어떤 능력을 사랑하는지, 어떤 대상을 사랑하는지를 성찰하고, 발견하고 그에 따라 행동할 때 우리는 행복해질 수 있습니다. 자기 자신을 지각하고 자기 자신을 실패 없이 사랑하는 것, 바로 그것이 아리스토텔레스가 오늘날 우리에게 전하는 행복의 메시지입니다.

행복을 찾다

모든 사람은 삶을 추구하고 있기 때문에 우리는 모든 사람이 즐거움을 욕구한다고 생각할 수 있다.
산다는 것은 일종의 활동이며, 각자는 자신이 가장 사랑하는 능력들을 갖추고 자신이 가장 사랑하는 것들에 대해서 자신의 활동을 발휘한다.
예를 들면 음악가는 자신의 청각을 가지고 멜로디에 관련해서 활동하며, 배움을 사랑하는 사람은 사유를 가지고 관조 대상들에 관련해서 활동한다.
다른 나머지 경우들 각각에 있어서도 그러하다.

아리스토텔레스, 《니코마코스 윤리학》 중에서

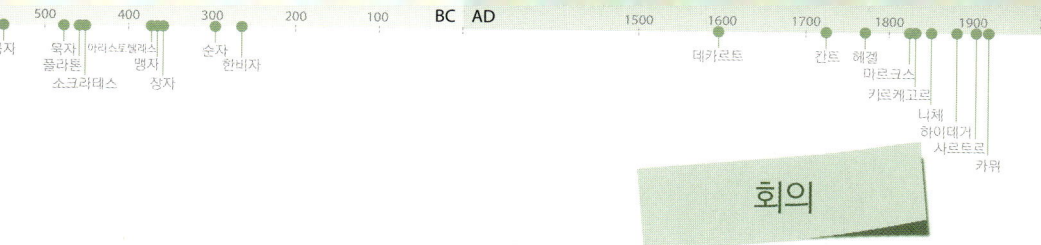

모든 것을 의심하다, 데카르트

| 이현복 |

"모든 인간은 행복한 삶을 꿈꿉니다. 그러나 행복한 삶은 과연 어떤 것이냐고 물었을 때 사람들은 돈, 명예, 권력과 같은 세속적인 가치를 열거할 겁니다. 그러나 데카르트는 이렇게 말합니다. 행복한 삶이란 후회하지 않는 삶이다. 그렇다면, 후회하지 않는 삶은 어떻게 가능할까요? 그것은 적어도 내가 무언가를 생각하고 행동할 때 선입견이나 맹목적인 습관을 따르지 않고, 내가 스스로 충분하게 검토하고 또 검토해서 비록 내 능력이 유한하고 불완전하다 하더라도 적어도 최선을 다했다고 말할 수 있을 때 우리는 행복한 삶을 살았다고 말할 수 있습니다.

설령 그 생각과 행동의 결과가 잘못되었다고 하더라도 우리는 후회하지 않을 겁니다. 동요하지도, 불안해하지도 않을 겁니다. 이것이 데카르트가 우리에게 주는 메시지이고, 저는 이것이 데카르트의 가장 큰 매력이라고 생각합니다."

이현복

한양대학교 철학과 교수.
경북대학교 철학과 졸업, 독일 인스부르크대학교 철학 석사, 박사.
독일 괴팅겐대학교 철학과 객원교수, 독일 베를린공과대학교 철학과 객원교수, 한양대학교 전문직윤리연구소장 역은.
주요 저서 : 《성찰》(역), 《방법서설》(역), 《인간본성에 관한 철학이야기》(공저)

근대정신의 출현

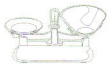

김갑수   '나는 생각한다, 고로 존재한다.'

데카르트의 근대성은 이 한 마디에서 출발한다고 해도 지나친 말이 아닐 겁니다. 그리고 우리가 흔히 '모더니즘'이라고 부르는 근대성은 데카르트 사유의 핵심인 '회의(懷疑)'에서 출발한다고 말할 수 있겠죠. 그런데 데카르트는 왜 그토록 치열하게 모든 것을 의심했을까요? 그리고 그 의심의 결과로 인간 정신의 역사에는 어떤 변화가 일어났을까요?

이현복 교수님은 프랑스 근현대 철학자들에 대해 관심도 많으시고 특히 데카르트의 저작을 직접 번역도 하셨는데, 어떤 계기로 데카르트 철학에 관심을 두시게 되었습니까?

이현복   처음 데카르트 철학을 접하게 된 것은 우연히 학교 강의를 통해서였습니다. 독일 철학자들, 특히 칸트나 헤겔의 책은 한두 문장 넘기기가 참 어려웠는데, 데카르트의 책은 아주 잘 읽히더군요. 특히, 《방법서설》은 일종의 자전적 에세이여서 저자가 독자들에게 자신의 삶을 편안하게 들려준다는 점이 매력적이었습니다. 또 《성찰》 역시 일반 독자가 잘 이해할 수 있도록 쉽게 풀어썼다는 점이 흥미로웠고, 이런 것도 철학일 수 있구나, 하는 생각이 들어서 독일 철학과 매우 다르게 느껴졌습니다.

김갑수　데카르트를 근대철학의 비조라고 하는데, 여기서 근대철학은 신학 중심의 중세철학과 구별해서 부르는 이름인가요?

이현복　천 년을 넘게 지속했던 중세의 역사가 막을 내리고, 르네상스를 통해 인간에 대한 재조명이 시작되었죠. 근대정신은 그 연장선에서 개화했고, 데카르트는 사유하는 존재로서 인간의 지위를 확대한 측면이 있습니다. 이전에 모든 가치의 척도였던 신의 권위가 실추하고 인간의 삶과 행위와 인식을 지탱하던 지지대가 사라졌다는 절망감으로 침윤된 시대에 데카르트에게는 인간이 스스로 새로운 길을 개척해야 한다는 절박한 자각이 있었을 겁니다. 이제 인간을 지켜줄 수 있는 것은 신의 은총이나 섭리가 아니라, 인간의 이성과 양식이고, 이것을 바탕으로 이론을 세우고 또 실천적으로 행동하려고 했다는 점이 근대의 핵심적인 특징이라고 할 수 있겠죠.

김갑수　데카르트가 이성을 통해 진리를 탐구하고 세상을 새로운 눈으로 바라본 것은 그가 새 시대를 여는 개척자였기 때문에 가능한 일이었습니까, 아니면 이성과 합리주의를 기본적인 이념으로 삼게 된 당시의 시대정신이 반영된 것입니까?

이현복   참 어려운 질문인데, 저는 후자의 요인이 크게 작용했다고 생각합니다. 우리가 보통 '데카르트의 혁명'이라는 표현을 사용하죠. 데카르트는 분명히 혁명가, 개혁가로서의 성격이 다분하지만, 혁명가가 그 시대의 상황과 무관하게 혼자의 힘으로 혁명을 이루는 것은 아니죠. 데카르트적 사유가 가능했던 것은 그 당시의 정치, 경제, 사회, 문화적인 여건이 성숙했기 때문이라고 봅니다.

김갑수   범위를 좁혀서 말하자면, 데카르트가 아무리 개혁적인 사고를 했더라도 서양철학의 맥락 안에서 그가 영향을 주거나 받은 철학자들이 있지 않겠습니까?

이현복   데카르트는 서양철학에서 하나의 분수령을 이루는 철학자이기에 데카르트 이전과 이후를 나누어 볼 수 있을 겁니다. 데카르트는 분명히 시대의 아들입니다. 그가 속한 시대의 환경에서 자신의 철학적 사유를 배양할 수 있었겠죠. 데카르트 이전 고대철학에는 플라톤이라는 높은 산이 있고, 중세에서는 아우구스티누스의 철학이 있었죠. 물론, 데카르트는 아리스토텔레스나 아퀴나스도 공부했지만, 자신의 철학적 자양분이 되었던 철학은 역시 플라톤과 아우구스티누스의 철학이었습니다. 인간 이성의 능력을 강조했던 데카르트가 형성한 후대의 계보에는 각각 성격은 다르지만 스피노자, 칸트, 헤겔로

데카르트

René Descartes
(1596~1650)

프랑스 투렌의 소도시 라에에서 부유한 귀족 집안의 아들로 태어났다. 생후 1년 만에 어머니와 사별하고 외할머니와 유모의 손에서 자랐다. 열 살 때 예수회의 라 플레슈 학원에 입학하여 훗날 개신교를 탄핵한 교부(敎父) 프랑수아 베롱에게 철학을 배웠다. 1616년 푸아티에대학에서 법학과 의학을 공부했다.

1618년 네덜란드 군대에 들어가 15개월 동안 군사건축학을 배웠고, 의사 이사크 베크만의 격려로 수학도 공부했다. 1620년 군대를 떠나 유럽 각지를 전전하다가 1625년부터 파리에 체재, 광학(光學)을 연구한 끝에 '빛의 굴절법칙'을 발견했다.

1629년 이후 네덜란드에서 철학 연구에 몰두하다가 자연과학에 관심을 두고 《세계론》(사후 출간)을 집필했다. 그러나 코페르니쿠스적 관점에서 우주론과 물리학을 다룬 이 책을 출간하려던 즈음에 갈릴레이가 지동설을 주장하여 유죄판결을 받았다는 이야기를 듣고 나서, 훗날 교회가 유죄판결을 철회하면 출판할 수 있으리라고 희망하면서 출판을 보류했다.

그리고 1637년 《방법서설》과 이것을 서론으로 하는 《굴절광학》, 《기상학》, 《기하학》을 출간했다. 그리고 잇달아 《성찰》, 《철학의 원리》를 출간하여 세상의 주목을 받았다.

네덜란드에 거주하면서 데카르트는 1644, 1647, 1648년에 잠깐씩 프랑스에 돌아와 머물며 라틴어로 출간했던 자신의 저작을 프랑스어로 옮기는 작업을 감수했다. 1648년 마지막으로 파리에서 머무는 사이에 프롱드의 난이 일어나자 급히 파리를 떠나 네덜란드의 에흐몬트로 돌아갔다.

1649년 스웨덴 여왕 크리스티나의 궁정에 초대받은 데카르트는 그곳에서 매일 아침 여왕에게 철학을 강의했으며 스웨덴 학술원 설립 법안을 마련하기도 했다. 1650년 2월 폐렴에 걸려 스톡홀름에서 숨을 거두었다.

Aurelius Augustinus,
?~604

Thomas Aquinas,
1225~1274

Baruch de Spinoza,
1632~1677

이어지는 일군의 근대 철학자를 거론할 수 있을 겁니다. 이어서 현대로 넘어오면 현상학자 에드문트 후설(Edmund Husserl, 1859~1938)과 실존주의자 사르트르를 꼽을 수 있겠죠. 그러나 무엇보다도 중요한 사실은 데카르트 사후 360년이 지난 지금도 우리는 데카르트를 이야기하고 있다는 점입니다. 그것은 아마도 데카르트 이후의 철학자들은 데카르트의 노선을 이어받은 데카르트주의자(Cartesian)이거나, 데카르트의 노선에 이의를 제기하는 데카르트 반대론자(Anti-cartesian)일 수밖에 없기 때문일 겁니다. 다시 말해 데카르트를 지지하거나 반대할 뿐, 어떤 철학자도 데카르트와 무관할 수는 없다는 거죠. 그런 점에서 데카르트의 중요성이 여전히 강조되고 있습니다.

그리고 한 가지만 덧붙이자면, 우리가 근래에 자주 언급하는 '포스트모더니즘(Post-modernism)'이라는 조류가 있지 않습니까? 모더니즘의 대표자를 데카르트라고 한다면, 포스트모더니즘은 데카르트를 위시한 모더니즘을 비판적으로 극복하려는 움직임이라고 볼 수 있을텐데, 포스트모더니즘 역시 데카르트의 노선에서 자양분을 얻고 독자적인 사유를 전개한다고 말할 수 있습니다.

김갑수 데카르트가 대학에서 전공한 과목을 보면 법학과 의학이 눈에 띕니다. 철학자의 학문적 배경으로 의학은 조금 놀랍군요.

이현복 데카르트는 당대 최고의 석학들이 모여 있는 라 플레슈(La Flèche)라는 학교에 입학해서 두각을 나타냅니다. 그러나 소위 '강단 철학'의 한계를 느끼고 그 학교를 떠나 푸아티에대학에 들어가서 의학과 법학을 배웁니다. 아마도 실천적인 학문을 배워야겠다는 생각에서 그런 결정을 내린 것이 아닌가 합니다. 법학은 아마도 아버지가 법조계에 있었기에 그 영향을 받아서 공부한 것 같고, 의학은 본인이 늘 지대한 관심을 보인 것 같습니다. 아시다시피, 당시에 크게 유행했던 의학의 한 분야가 생리학 아니었습니까? 그래서 생리학은 그의 철학에서도 아주 중요한 논의의 한 부분을 이루는데, 그런 관심의 연장으로 의학을 공부했겠죠.

김갑수 혈액은 심장의 열기 때문에 순환한다는 데카르트의 주장은 오늘날 의학의 수준에서 보자면 조금 유치하게 보일 수도 있지만, 신체에 대한 이해가 그의 철학적 사유에서 큰 역할을 한 것은 분명한 것 같습니다. 특히 정신과 신체 사이의 관계를 규명하고자 했던 그의 시도를 보면 신체에 대한 이해는 필수적이었겠죠.
그런데 데카르트는 왜 그 당시 문화 강국이었던 조국 프랑스를 떠나서 네덜란드로 이주했을까요? 당시에 데카르트는 이미 파리 지식인 사이에서 유명인이 되지 않았습니까? 혹시 그가 책에서 표현한 것처럼 '가면' 뒤에서 생활하며, '은거하라'는 그리스 철학자 에피쿠로스의 조언을 따랐던 것은 아닐까요?

이현복　그 당시에 파리는 유럽에서 학문의 중심지였습니다. 그리고 그런 파리에서 데카르트는 자신의 학문적 역량을 발휘해서 주목받는 학자가 되었던 것은 분명합니다. 그런데 성격이 소심하고 내성적이고 게다가 '칩거형'이었던 것 같아요. 그래서 사회 분위기가 자유롭고 개방적인 네덜란드로 가서 조용히 자신의 학문을 발전시키려는 의도가 있지 않았나 생각합니다.

김갑수　데카르트의 전기적 사실을 살펴볼 때 가장 큰 관심사는 역시 신에 대한 그의 자세인 것 같습니다. 세계의 중심을 차지하고 있던 신의 의지를 인간의 이성으로 대체한 철학자이니까요. 그런데 정작 개인적으로 데카르트에게는 신앙심이 있었는지, 신을 어떤 존재로 생각하고 있었는지, 이런 점들이 궁금합니다. 게다가 당시의 사회분위기가 무신론자들에게는 매우 엄혹하지 않았습니까? 철학자이며 수학자인 조르다노 브루노(Giordano Bruno, 1548~1600)는 지동설과 무한우주를 주장했다는 이유로 1600년 로마 캄포디피오리 광장에서 입에 재갈을 문 채 장작더미 위에서 불타 죽었잖습니까? 데카르트의 주장도 로마 교황청에서는 고운 눈으로 바라보지 않았을 텐데요.

이현복　데카르트 역시 무신론자로 비판받았고, 또 그의 저서가 금서가 되기도 했죠.

그러나 데카르트는 스스로 무신론자라고 말한 적도 없었고, 또 설령 그렇다고 하더라도 그런 생각을 공개적으로 표방할 수도 없었습니다. 게다가 철학적으로 봤을 때 데카르트는 절대로 무신론자가 아니라고 주장하는 사람들도 있습니다. 데카르트 자신은 일상적인 삶

신은 존재하는가?

"신은 완전하고, 인간 정신은 불완전하다. 불완전한 것이 완전한 것을 만들어 낼 수는 없다. 완전한 신의 관념이 내 정신 안에 존재한다. 그 관념의 원인이 불완전한 정신일 수는 없다. 그 원인은 신 자신이어야 한다."
데카르트는 신의 존재를 증명하는 과정에서 먼저 관념의 종류를 검토한다. 관념에는 외래관념, 인위관념, 본유관념의 세 가지가 있다. 그는 말하기를 "내 마음속에 외계의 사물에서 온 것(외래관념)도 아니요, 내 의지의 결정을 따라 생긴 것(인위관념)도 아니요, 오로지 나의 생각하는 능력에 유래하는 관념이 있음을 관찰했을 때, 이 관념을 나는 본유관념이라고 부른다."
신의 관념은 본유관념이다. 즉 신이 정신을 창조할 때 그 안에 자신의 관념을 새겨 주었다. 모든 결과는 원인을 갖고 있고, 원인은 결과보다 적어도 동등한 실재성 혹은 완전성을 갖고 있어야 한다. 따라서 정신 안에 있는 신의 관념은 원인이 있어야 한다. 그 원인은 결과인 신의 관념이 갖고 있는 것보다 적어도 동등한 실재성을 갖고 있어야 한다. 인간 정신이나 다른 사물들은 절대 무한하고 완전자인 신의 관념의 원인이 될 수 없다. 신만이 그 원인이 될 수 있다. 그러므로 신은 존재한다. 데카르트는 이렇게 말한다. "만약 그 관념이 진실로 무한한 실체로부터 나에게 주어진 것이 아니라면, 유한자인 내게는 무한한 실체에 관한 관념이 없었을 것이다."

에서 나름대로 신앙 활동을 했지만, 단지 계시신학은 학문의 영역이 아니라고 생각했을 뿐입니다. 따라서 계시신학이 아닌 자연신학에서 다루는 신의 존재에 대한 문제는 철학에서 얼마든지 다룰 수 있다고 생각했습니다.

그러나 당시 교조주의자들은 데카르트가 말하는 신은 철학자의 신이지, 야곱과 아브라함의 신은 아니라고 비판했죠. 따라서 데카르트는 자신이 말하는 신이 '이론적인 신'이라고 공개적으로 말할 수는 없는 처지에 있었다고 봅니다.

김갑수 그럼에도, 데카르트가 신의 존재를 증명한 내용은 널리 알려졌는데, 그 증명의 논리를 따라가 보면 데카르트는 단지 신을 사유의 대상으로 삼았던 것은 아닌가, 하는 생각도 듭니다. 선생님은 신에 대한 데카르트의 이중적인 자세를 어떻게 보십니까?

이현복 데카르트는 신의 존재를 여러 가지 방법으로 증명했죠. 그런데 이런 의문이 남습니다. 데카르트는 왜 그토록 노력을 기울여 신의 존재를 증명하려고 했을까? 신의 존재를 증명하지 않았다면, 데카르트 철학은 없다는 것인가? 왜 중세와는 다른 세계관을 표방했던 데카르트가 중세의 중심 화두였던 신의 문제를 자기 철학의 중심 주제로 삼았을까?

데카르트는 신이 없다면 자신의 철학이 형성되지 않는다고 보았던 것 같습니다. 그래서 신의 존재를 이런 방식으로 증명합니다.

"나는 나 자신에서 유래할 수 없다. 나는 내가 아닌 다른 것에서 유래하고, 다른 것에 의해 지탱되어야 한다. 나를 지탱하고 있는 것은 내 안의 모든 것을, 적어도 그만큼, 혹은 그보다 더 크게 가지고 있어야 한다. 나는 생각하는 존재이므로, 나를 가능케 하는 자도 생각하는 존재여야 한다. 내 안에 신의 관념이 있으므로, 나의 존재를 가능케 하고 지탱해주는 것도 신의 관념 안에 있는 모든 완전성을 갖추고 있어야 한다. 그런데 신적인 완전성을 가진 것은 신밖에 없다. 그러므로 신은 존재한다.'

사실 이것은 이전 철학자들이 추론했던 내용을 약간 각색해서 자기 것으로 소화한 것으로서 특히 새로운 담론은 없다고 봅니다.

김갑수   반면에 자연과학에서 출발한 데카르트의 물질주의적인 세계관은 교회의 박해 대상이 될 수도 있었을 텐데요.

이현복   그렇습니다. 데카르트는 자연현상뿐만 아니라 인간의 육체에 대한 자신의 생각을 정리해서 1633년에 '세계론'이라는 원고를 완성했습니다. 이 원고는 데카르트가 가장 먼저 출간하려고 작정했던 원고였습니다. 그런데 막상 완성하고 보니, 갈릴레이(Galileo Galilei, 1564~1642) 사건이 터졌습니다. 같은 해 로마 종교재판소에서 갈릴레이가 지동설 때문에 유죄판결을 받거든요. 그래서 데카르트는 책의 출간을 보류했죠.

데카르트는 이 책에서 무엇을 이야기했느냐. 인간의 이성으로 측정하고 계산할 수 있는 세계에 대한 사고, 물질적인 세계관을 이야기했거든요. 우리가 흔히 말하는 수학적 자연관, 기하학적 자연관, 기계론적 자연관을 피력한 겁니다. 그것은 데카르트 혼자만의 생각이 아니라, 당시의 대부분 근대 자연과학자의 생각이었죠. 다시 말해 물질적인 세계는 수학적으로, 기하학적으로 계산할 수 있고, 좌표 설정이 가능하다는 거죠. 이런 사고는 매우 획기적인 메시지를 내포하고 있습니다. 나중에 자세히 말씀드리겠습니다만, 이런 사고의 전제는 모든 물질, 혹은 인간 이외의 모든 사물에는 영혼이 없다는 겁니다. 다시 말해 '물질에는 인간의 이성이 알 수 없는 어떤 은밀하고 신비스러운 성질이 들어 있지 않다. 물질은 단순한 덩어리로서 수학적으로 계산할 수 있다. 결과적으로 인간이 마음대로 조작할 수 있고, 그래서 인간은 자연의 지배자가 될 수 있다.' 이런 생각을 했던 겁니다. 따라서 우주 만물이 창조주 신의 손으로 창조되었고, 거기 신의 섭리가 들어 있다고 생각하는 교회와 불편한 관계가 될 수밖에 없었던 겁니다. 그래서 데카르트는 이 책의 출간을 보류하고 《방법서설》을 먼저 내면서 사람들의 반응을 관찰합니다.

데카르트는 스스로 자신의 이름을 가지고 말장난을 합니다. '데카르트(Descartes)'라는 이름은 프랑스어의 복수 부정관사 데스(Des)와 '카드'라는 뜻의 카르트(Cartes)로 나눠볼 수 있죠. 다시 말해 '카드들'이라는 뜻이 됩니다. 데카르트는 자기 이름이 의미하듯이 그때그때 사용할 수 있는 카드를 많이 가지고 있다는 겁니다. 저는 데카르트가 대단히 전략적인 사고의 소유자라고 생각하는데, 예를 들어 불리한 상황에서 《세계론》을 출간했다가는 책이 소멸되는 것은 물론이고 자신에게도 큰 위험이 닥칠 수 있다고 판단해서 《세계론》이라는 카드는 사용하지 않고 몸을 사렸죠. 그리고 맨 처음으로 《방법서설》이라는 카드를 내놓았던 겁니다.

김갑수 선생님은 데카르트가 《세계론》에서 사물을 순수 물질로 파악했다고 하셨는데, 그럴 때 데카르트는 유물론자처럼 보입니다. 그런데 영혼과 육체의 관계를 설명할 때 서로 상호작용한다는 주장을 펼치는 것을 보면 유심론적인 측면이 있다고 봐야 하지 않겠습니까? 유물론자라면 영혼을 육체 작용의 한 형태로 파악해서 오로지 육체만이 실체라고 주장해야 할 텐데, 데카르트는 그러지 않았단 말이죠. 데카르트는 유물론자였습니까, 아니면 유심론자였습니까?

이현복 데카르트와 동시대 인물이었던 토머스 홉스는 이 문제를 두고 데카르트와 격렬한 논쟁을 벌였습니다.

홉스는 물체만이 유일한 실체라고 믿었고, 인간도 기계적으로 작동하는 물체로 볼 정도로 철저한 유물론자였죠. 그런데 데카르트가 '코기토 에르고 숨(Cogito ergo sum)'이라

Thomas Hobbes, 1588~1679

는 명제를 제시했을 때, 토머스 홉스는 강하게 반박합니다. '인간에게 물질은 없고 혼만 있다면 너는 귀신이냐?' 이렇게 비난하죠. 이처럼, 데카르트의 철학을 둘러싼 유심론·유물론 논쟁은 그 당시부터 지금까지 이어지는 논쟁의 중요한 논점 가운데 하나입니다.

그런데 데카르트 철학에는 이 두 가지가 모두 포함되어 있어요. 인간에게는 영혼의 세계도 있고 물질의 세계도 있잖습니까? 유물론은

이 세계에 오로지 물질만 있다고 주장하는데, 그런 점에서 데카르트를 유물론자로 규정하는 것은 적절치 않습니다. 또 코기토 에르고 숨을 두고 데카르트가 유심론자라고 말하는 것도 적당치 않습니다. 왜냐면 데카르트는 물질의 세계를 인정했기 때문이죠. 그래서 우리는 이것을 '심신이원론(心身二元論)'이라고 합니다. 데카르트는 정신의 세계와 신체의 세계를 모두 인정했다고 볼 수 있죠.

김갑수 그런데 유심론이든, 유물론이든 데카르트의 관심사는 존재에 대한 확인이 아니었습니까? 내가 형체가 없는 영혼이든, 물리적 육체이든 간에 그것이 존재한다는 것을 어떻게 확인할 수 있느냐는 것이 데카르트의 과제가 아니었습니까? 그래서 모든 것을 의심하고 또 의심하다 보니, 의심하는 자신만은 의심할 수 없다는 결론에 도달했다는 것인데, 거기서 더 나아가 자신이 진리라고 믿는 것조차 심술궂은 악마의 장난일 수도 있다는 근본적인 회의를 하지 않습니까?

이현복 우리가 학교에서 데카르트에 대해 배울 때 '방법적 회의'라는 말을 흔히 들었습니다. 그냥 '회의'라고 하면 될 것이지, 왜 구태여 '방법적'이라는 말을 앞에 붙였을까요? 그것은 회의론적인 분위기가 강했던 16~17세기 시대 상황이나 학문의 풍토와 관계가 있습니다. 데카르트는 당시에 지배적이었던 상대론적 입장이나 회의론적 입장에 반대하는 의미에서 '방법적' 회의를 언급했던 겁니다. 데카르트는 분명히 플라톤의 전통에 속한 철학자로서 상대론이 아니라 절대론의 입장을 지지했어요. 따라서 이것도 옳고 저것도 옳다는 식이 아니라 진리는 오로지 하나, 절대적 진리만이 존재한다고 생각했던 거예요. 따라서 절대적인 진리가 있다는 것을 보여주기 위해 데카르트는 회의론자들이 했던 바로 그 회의를 수단으로 삼아 절대적인 진리를 찾아내어 회의론자들의 주장을 무력화하는 방법을 택했던 겁니다. 그런 점에서 데카르트는 회의주의자들과는 달리 의심하기 위해 의심했던 것이 아니라, 참된 진리를 발견하기 위해 의심했고, 그런 의도를 명시하고자 '방법적'이라는 수식어를 사용한 겁니다.

김갑수   그 '방법적 회의'라는 것이 어떻게 진행되는지 어떤 예를 들어볼 수 있을까요?

이현복   데카르트는 모든 것을 의심하는 논리적 과정에 '꿈의 가설'이라는 것을 끌어들입니다. 현실로 믿는 모든 것이 혹시 꿈은 아닌지 의심하는 거죠. 그래서 살을 한번 꼬집어보니 통증이 느껴집니다. 그러면 이것이 꿈이 아니라 현실이라는 것을 확인할 수 있지 않겠습니까? 그런데 데카르트는 또다시 의심합니다. 살을 꼬집어서 아프면 현실이라고 믿겠지만, 꿈에서도 살을 꼬집는 상황이 연출될 수 있다는 거죠. 아, 이것이 실제구나, 하는 꿈을 꿀 수도 있다는 겁니다. 데카르트는 여기에 만족하지 않고, 한 걸음 더 나아가 교활하고 전능한 '악마의 가설'이라는 것을 제시합니다. 모든 사람이 2 더하기 3은 5라고 믿고, 심지어 꿈속에서도 그런 사실에 변함이 없다면, 이것은 의심할 수 없는 절대적인 진리가 아니겠습니까? 그러나 데카르트는 이것도 의심해봐야 한다고 주장합니다. 우리의 몸과 영혼을 창조한 존재가 선한 신이 아니라 아주 심술궂은 악마여서 2 더하기 3의 답은 5가 아닌데 우리의 영혼을 조종해서 5라고 믿게 하고 있을지도 모른다는 거죠. 왜냐면 나를 만들어낸 존재가 교활한 악마가 아니라 선한 신이라는 보증은 어디에도 없으니 그런 가설도 충분히 가능하다는 거예요.

김갑수   그것은 그야말로 의심을 극한까지 밀고 나간 사례인데, 데카르트가 그렇게까지 모든 것을 의심한 이유는 무엇일까요?

이현복   데카르트에게는 나름대로 전략이 있었던 것 같아요. 왜냐면 의심을 극한까지 밀고 나갈수록 만약 그 의심에서 벗어난 진리가 있다면, 그만큼 더욱 확고부동한 진리라는 것이 명증될 것이다, 의심의 강도가 강하면 강할수록 그것으로부터 벗어난 진리의 힘은 그만큼 더 강할 것이다, 이렇게 생각해서 극단까지 의심을 몰고 갔던 것이 아닌가 합니다.

김갑수   데카르트와 동시대 철학자로 파스칼이 있지 않았습니까? 두 사람의 철학은 여러모로 대립했지만, 특히 신의 문제에 대해서는 의견이 첨예하게 갈렸죠?

이현복   데카르트보다 27년 늦게 태어난 파스칼은 《팡세》의 저자로 잘 알려졌죠. 그는 이 책에서 신을 경멸한 데카르트를 용서할 수 없다고 말합니다. 데카르트는 신을 말하고, 신의 존재를 증명하지만, 그가 말하고 증명하는 신은 철학적인 신이고 죽은 신일 뿐, 야곱의 신도, 은혜의 신도 아니라는 겁니다. 몇 번의 회심이 있었지만, 파스칼은 종교적인 사람이었습니다. 이에 비해 데카르트는 이성적인 사람입니다. 데카르트는 피조물 가운데 인간에게만이 이성이 있고, 인간은 이 이성에 따라 사물의 진리를

Blaise Pascal, 1623~1662

인식할 수 있다고 믿었지요. 물론, 보편타당한 인식을 위해서는 성실하고 전능한 신의 보증이 필요했지만 말입니다. 그래서 데카르트는 이성을 통해 자신을, 세계를, 신을 인식할 수 있고, 따라서 이성만이 우리 삶의 진정한 안내자라고 생각했습니다. 앎을 통해서 자연의 지배자가 될 수 있고, 현세의 행복을 얻을 수 있다고 믿었습니다.

그러나 파스칼의 생각은 달랐습니다. 우선, 데카르트가 세계인식을 위해 신을 요청했다는 것부터 그에게는 불경스러운 것이었습니다. 나아가 이성적인 앎은 감각적인 앎보다 우위를 차지할 뿐, 최상의 것은 아니라고 봤어요. 파스칼에게 최상의 앎은 인식이 아니라 사랑을 통한 앎입니다. 수학적 질서가 아닌 심정의 질서를 말하는 거죠. 주관과 객관이라는 주객 분리가 여전히 있는 인식의 단계는 아직 불완전하고, 주객 분리를 넘어서는 단계, 주객 합일의 단계는 사랑을 통해서만 가능하다는 겁니다. 그리고 이 사랑은 종국적으로는 신에 대한 사랑입니다. 그래서 파스칼이 보기에 데카르트는 신앙의 가면을 쓴 사람이고, 가슴이 아닌 머리로 세상을 살아가는 사람입니다. 아직 멀었다는 거죠.

방법론이 중요하다

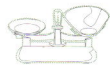

김갑수　데카르트는 《방법서설》에서 이렇게 말합니다. "천천히 걷되 곧은 길을 따라가는 사람은, 뛰어가되 곧은길에서 벗어나는 사람보다 훨씬 더 먼저 갈 수 있다." 이 글은 정확한 방법론 없이 학문을 탐구하겠다고 나서는 사람은 진리에 도달할 수 없다는 데카르트의 생각을 잘 대변하는 것 같습니다.

근대 철학이 이전 철학과 확연히 다른 점이 있다면, 인간의 이성을 바탕으로 삼아 과학적인 사유의 방법을 모색했다는 데 있겠죠. 그런 점에서 데카르트는 이후 철학들에게 방법론의 중요성을 인식하게 한 선구자 역할을 했는데, 데카르트 방법론의 독창성은 어디에 있는지 궁금합니다.

이현복　철학(philosophy)은 문자 그대로 지혜(sopia)를 사랑해서(philo) 지혜를 탐구하는 활동인데 지혜를 탐구하려면 방법이 필요하죠. 데카르트는 방법론을 세우는 데 많은 노력을 기울였습니다. 철학에서 방법론은 논리학에 해당하죠. 그런데 데카르트는 논리학이 아니라, 정신의 힘, 이성의 힘을 함양하는 방법론을 생각했습니다. 그래서 그 방법을 통해 정신의 힘을 강화하고, 강화된 정신으로 몇 가지의 규칙을 따라 대상을 탐구하면 참된 지식과 진리, 지혜를 얻을 수 있다고 생각했습니다. 데카르트는 그 방법론을 《방법서설》이나 《정신지도를 위한 규칙들》에서 상세하게 설명했죠.

데카르트는 수학을 아주 좋아해서 수학의 한 분야인 해석기하학

사유 방법의 중요성

맹목적인 호기심으로 가득 차 있는 인간들은 자신의 정신을 종종 미지의 길로 유인하고 있다.
나름대로의 희망도 없이, 찾고 있는 것이 혹시 거기에 있지나 않을까, 하는 생각에서 향하고 있는 것이다. (중략)
물론 그들도 이런 식으로 배회하다가 운이 좋으면 참된 것을 발견할 수도 있다.
그렇지만 이는 그들이 유능해서가 아니라 그저 운이 좋았을 뿐이다.
아무런 방법도 없이 사물의 진리를 탐구하기보다는 차라리 그런 생각을 품지 않는 편이 더 낫다.
이와 같은 순서 없는 연구와 모호한 성찰은 자연의 빛을 흐리게 하고, 정신을 맹목적으로 만든다는 것이 분명하기 때문이다.
어둠 속을 걷는 데 익숙해진 사람은 시력이 점차 약화되어, 나중에는 환한 태양의 빛을 견딜 수 없게 된다.

데카르트, 《정신지도를 위한 규칙들》 중에서

의 창시자가 될 정도로 열심히 탐구했는데, 거기에는 두 가지 이유가 있었습니다. 하나는 수학에서 지혜를 탐구하는 방법을 끌어낼 수 있다는 것이고, 다른 하나는 다른 학문과 달리 수학에는 누구도 의심할 수 없는 지식이 있다고 생각했기 때문이죠. 참된 진리를 찾고자 했던 데카르트는 수학자들이 어떻게 모든 사람이 인정하고 아무도 이의를 제기하지 않는 진리를 제시할 수 있는지, 바로 그 점에 매력을 느끼고 수학에 흥미를 느꼈던 겁니다. 그리고 수학의 방법론을 철학에 적용해서 자기 나름의 방법론을 제시했죠. 당시에 데카르트의 방법론은 전혀 새로운 것이었고, 그는 이런 새로움을 발견해내는 것이 중요하다고 생각했습니다. 이것은 또한 근대 사상가들의 중심적인 관심사였죠. 그러니까, 데카르트는 새로운 방법론, 새로운 논리학이 새로운 사실을 발견해내는 '발견의 논리학'이 되어야지, 기존의 사실들을 정당화하는 '정당화의 논리학'이 되어서는 아무 의미 없다고 생각했던 거죠. 그래서 아리스토텔레스의 삼단논법 같은 것은 그야말로 대표적인 정당화 논리이므로 폐기해야 할 거짓 논리학이라고 비판했습니다.

김갑수 말이 나온 김에 여쭤보겠습니다. 데카르트, 파스칼도 수학자이지만, 피타고라스에서 버트런드 러셀에 이르기까지, 철학자 중에는 수학의 전문가가 많이 있잖습니까? 서양철학에서 이렇게 수학이 큰 비중을 차지하는 이유는 뭘까요?

이현복 우선, 확실성에 대한 추구 때문이겠죠. 철학자는 엄밀성, 명증성, 확실성을 확보해야 한다는 심리적 강박에서 수학의 모형을 끌어들였던 것 같습니다. 데카르트도 예외는 아니었고요. 물론, 모든 철학자가 그랬던 것은 아니고, 이성을 강조했던 사람들이 그런 수학적 엄밀성을 따르고자 했죠. 그런데 이런 자세에는 분명히 맹점이 있습니다. 우리의 삶은 얼마나 다양한 측면을 담고 있습니까? 수학적 엄밀성으로 그 모든 것을 재단하기에는 인간의 삶이 너무도 풍요롭고 다양하죠. 수학적 확실성만으로는 포착할 수 없는 인간의 모든 것을 재단하려는 태도에는 위험이 따른다는 점에서 경험주의자들, 혹은 감성주의자들의 공격을 받는 것 또한 사실입니다.

Cogito ergo sum

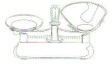

김갑수 '나는 생각한다, 고로 존재한다'라는 이 짧은 문장은 철학사에서 가장 유명한 명제 가운데 하나가 아니겠습니까? 어찌 보면 근대정신이 바로 이 명제에서 발원했다고 볼 수 있는데, 거기 어떤 의미가 포함되어 있는지 설명해주셨으면 합니다.

이현복 데카르트를 공부하면서 조금 유감스러운 점은 사람들이 데카르트의 철학을 코기토의 문제에 국한하는 현상입니다. 코기토 에르고 숨은 아주 중요한 명제이고 근대적 사유의 문을 열었던 것이 틀림이 없습니다. 그러나 그것이 데카르트 철학이나 근대적 사유에서 어떠한 위치에 있는가를 아는 것이 더 중요하다고 생각합니다.

사유하는 내가 존재한다는 사실은 극단적인 의심의 과정을 통해 도달한 진리입니다. 그러나 만약 데카르트의 시도가 모든 것을 거짓으로 가정하고, 모든 것을 의심하는 극단적인 회의에 그쳤다면, 나는 무엇을 아는가?(Que sais-je?)'라는 말로 유명한 몽테뉴적인 회의의 수준을 벗어나지 못했을 겁니다. 그런데 데카르트는 하나의 명백한 사실을 체험한 겁니다. 그것은 바로 모든 것을 의심하는 자신의 존재만은 의심할 수 없다는 사실이었죠. 앞서 말씀드렸듯이 만약에 심술궂은 악마가 모든 것을 거짓되게

Michel de Montaigne,
1533~1592

인식하게 하고, 그래서 확실한 것은 아무것도 없다고 하더라도 악마가 조종하는 '나'는 있어야 하지 않겠느냐는 거였죠. 그것이 세상에서 확신할 수 있는 유일한 사실이라는 것을 데카르트는 깨달았던 겁니다.

김갑수   그 '나'는 사유하는 '나'이겠죠. 그렇다면, 홉스가 비판했듯이 물리적 '나', 육체는 '나'가 아니라는 겁니까?

이현복   물론, 육체는 사유하는 '나'가 아니죠. 내가 지금 이 순간 꿈을 꾸고 있다면, 육체 역시 실재하는 것이 아니라, 허상이고 가짜입니다. 그렇다면, 존재하는 '나'는 누구일까요? 설령 악마가 조종하고 있더라도 조종당하는 나는 분명히 있어야 하는데, 그 '나'는 누구냐는 겁니다. 그것은 모든 것을 의심하는 '이것', 존재하는 나는 의심하고 생각하는 '이것'에 다름 아니라고 생각했던 겁니다. 그래서 '나'는 있는데, 있는 나는 생각하는 존재다. 그래서 "나는 생각한다, 고로 나는 존재한다"고 말했던 겁니다.

김갑수 의심하는 것, 생각하는 것, 그것만이 존재의 확실성을 보증한다는 말이죠. 그런데 아무리 꿈속이라고 해도 신체는 있잖습니까? 이 신체의 존재를 부인할 수는 없거든요. 그래서 데카르트는 사유하는 주체와 신체를 연결하는 '송과선(松果腺)'이라는 해부학적인 부위를 이야기했던 모양이죠?

이현복 데카르트가 코기토 에르고 숨을 이야기했을 때, 홉스를 포함해서 당시의 철학자들로부터 많은 비판을 받았습니다. '나'가 오로지 사유하는 주체일 뿐이라면, 몸이 있는 이 '나'는 누구냐. 당연히 이렇게 상식적인 차원에서 질문을 던졌죠. 그런 비판에 대해 데카르트는 이렇게 답변합니다. "내가 했던 것은 성찰이다. 성찰은 순서에 따라 진행된다. 나는 모든 것을 의심했고, 그 의심하는 과정에 '나'가 있고, 이 있는 '나'는 사유하는 것이라고 말했을 뿐이다. 그다음 성찰 과정을 지켜보라."

그렇다면, 그다음 단계는 뭐냐? 몸은 없다는 것이냐? 이렇게 물었을 때 데카르트는 "당연히 몸은 있다"라고 말합니다. 그런데 몸이 있다, 물질이 있다고 말할 때 그것을 생각하는 '나'가 있다는 확인만으로는 증명할 수 없죠. 그래서 앞서 말했듯이 신의 존재를 증명해야 했던 겁니다. 내가 있다는 것, 나의 몸이 있고, 외부의 물질이 있고, 타자가 있다는 사실을 증명하려면 전능한 악마가 아니라, 성실하고 선한 신이 나를 만들었고 이 세계를 창조했다는 사실을 증명해야 했던 거죠. 그래서 신의 존재를 증명하는 일이 데카르트에게 중요했던 겁니다. 이런 과정을 거쳐서 현실적으로 존재하는 인간으로서의 '나'는 영혼뿐만 아니라 신체도 있는 구체적인 개인이라고 이야기합니다. 그렇다면, 사유하는 실체인 영혼과 물질인 육체는 완전히 이질적이고 전혀 다른 것인데 이것이 어떻게 상호작용하고 있을까. 데카르트는 이런 질문을 던집니다. 이 질문에 대답하기 위해 데카르트가 궁여지책으로 끌어들인 개념이 바로 송과선입니다. 송과선은 뇌에 있는 작은 기관인데, 바로 여기서 정신 작용과 육체 작용이 서로 교환되고 있다는 가설을 세운 거죠. 그런데 사실 이 가설은 조금….

김갑수   조금 무리한 가설이라는 생각이 드네요. 그래서 데카르트 철학의 비판적 계승자를 자처했던 스피노자도 이 가설을 신랄하게 비판하지 않았습니까? 스피노자는 영혼과 육체가 동전의 양면처럼 불가분의 관계에 있다고 주장하면서 데카르트의 이런 이원적인 사고를 비판했죠. 어쨌든, 영혼과 육체에 관한 데카르트의 주장은 근대가 시작되는 시점에서 전개된 과도기적인 사유였다는 생각이 듭니다.

데카르트 철학의 유산

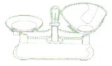

김갑수   데카르트가 철학사에 남긴 위대한 업적은 익히 알고 있지만, 그의 역사적인 영향을 이야기할 때 흔히 프랑스 대혁명을 언급하곤 합니다. 데카르트는 분명히 위대한 철학자였고, 세계사에 뚜렷하게 이름을 남겼습니다. 그러나 이런 외적인 모습보다 데카르트 개인의 차원에서 우리가 그에게서 배울 점이 있다면 어떤 것일까요?

이현복   제게는 데카르트가 남긴 삶의 흔적이 가장 매력적으로 다가왔습니다. 라 플레슈에서 철학 수업을 받던 데카르트는 푸아티에대학으로 옮겨가서 의학과 법학을 공부합니다. 그리고 스물세 살이 되자, '세계'라는 커다란 책 속으로 들어갑니다. 자원해서 군대에 간 거죠. 그리고 새로운 철학을 세워보라는 영감 어린 꿈을 꾸고 나서 벽난로가 있는 방에서 사색에 잠깁니다. 이렇게 스물세 살부터 삼십 대 초반까지 세 차례 삶의 전환 과정을 겪습니다. 다시 말해 현실에 안주하지 않았다는 거죠. 어느 길을 가다가, 이게 아니다 싶으면 과감하게 새로운 길을 찾아 걸어갔다는 겁니다. 저는 그런 결단성과 과감성이 데카르트로 하여금 중세에서 근대로 넘어오는 혁명적인 사유를 하게 한 원동력이었다고 생각합니다. 그리고 그것은 그의 삶의 흔적에 그대로 녹아 있습니다. 그런 점에서 저는 데카르트가 아주 매력적인 삶을 살았다고 봅니다.

김갑수   그런데 데카르트에 대해서는 비판의 목소리도 높지 않습니까? 모든 것을 이성과 합리성으로 설명하려 했던 야심, 인간을 세계의 중심에 두었던 오만함, 남이 아니라 나를 중심으로 모든 것을 생각하는 자기중심주의. 이런 것들이 이기적인 사회와 환경의 파괴를 불러왔다

데카르트의 세 가지 꿈

1619년 11월 10일과 11일 사이 한밤중, 독일 울름 근처 노이부르크의 병영에서 데카르트는 훗날 자신의 삶에 깊은 영향을 미쳤다고 회고한 꿈을 꾸었다.

첫 번째 꿈에서 데카르트는 정면에서 불어오는 강풍을 마주 받으며 힘겹게 길을 걷고 있다. 그는 오른쪽 옆구리에 고통을 느끼고 교내 성당으로 피신해 들어간다.

두 번째 꿈에서는 엄청난 기세로 천둥이 내리치는 장면을 목격한다. 쏟아지는 번개의 불꽃 때문에 데카르트는 눈이 부시다.

세 번째 꿈에서는 탁자에 놓인 커다란 사전과 고대 라틴어 시집 가운데 시집을 펼쳐 "나는 인생에서 어떤 길을 걸을 것인가?(Quod vitae sectabor iter?)"라는 글을 본다.

데카르트는 이 세 편의 꿈이 스스로 걸어가야 할 바른길을 일러준다고 말한다. 과거의 방식을 버리고 새로운 방식으로 진리 탐구에 몸을 바쳐야 한다는 해석이다.

고 비판하는 사람이 많습니다. 특히, 포스트모더니즘의 전제는 데카르트적 사고의 비판과 극복에 있지 않습니까? 데카르트가 사망한 지 360년이 지난 오늘날에도 이처럼 데카르트 철학에 많은 사람이 관심을 보이는 이유는 무엇일까요?

이현복 포스트모더니즘은 데카르트 모더니즘에 대한 비판적 사고가 아닙니까? 이 두 사조를 대조해보면 그에 대한 비판의 핵심이 극명하게 드러납니다.

우선, 데카르트가 비판받는 이유는 이성의 힘을 강조했다는 데 있습니다. 데카르트는 이성이야말로 우리의 사유와 행위, 이론과 실천을 지도하는 최종적인 재판관, 안내자라고 생각해서 절대적으로 신뢰했죠. 그런데 과연 인간의 삶이 이성의 지도에 의해서만 영위할 수 있을까요? 데카르트는 이성의 힘을 너무 강조하고 감성을 너무 경시했다는 점이 비판의 대상이 되는 거죠.

두 번째 비판은 데카르트가 생각한 철학의 지위에 관한 것입니다. 데카르트는 철학을 나무에 비유했죠. 나무 전체에 영양을 공급하는 뿌리는 형이상학, 거기서 뻗어나간 줄기는 자연철학, 그리고 거기서 세분화된 잔가지는 의학이나 기계학 등 응용학문으로 이 전체가 철학이라는 나무를 구성한다고 봤던 겁니다. 따라서 철학은 보편적 학문이고, 그 안에서 다양한 학문이 서로 유기적인 연관을 맺고 있다고 봤습니다. 바로 이것이 포스트모더니스트가 공격하는 데카르트 철학의 단일성, 전체성, 보편성, 통일성입니다. 파편화, 다양화, 이질화를 강변하는 포스트모더니스트들은 그런 사고가 마뜩잖은 거죠.

세 번째 비판은 사물에 대한 데카르트의 판단에 관한 것입니다. 데카르트는 인간 이외의 모든 사물에는 영혼이 존재하지 않는다고 했습니다. 물질이기 때문에 인간이 마음대로 지배하고 조작할 수 있다고 봤던 거죠. 같은 맥락에서 자연도 우리가 얼마든지 가공하고 훼손할 수 있다는 논리가 성립하는데, 현대 환경주의자들이 데카르트의 이런 사유가 자연을 파괴한 원인이 되었다고 비판하는 거죠.

김갑수   데카르트 철학을 공부하시면서 가장 인상 깊게 읽은 구절이나 깨달

늘 깨어 있어야 한다

그저 한 번 깨닫는 것만으로는 충분치 않고 항상 그것을 염두에 두어야 한다.
왜냐하면 타성화된 의견은 집요하게 나에게 되돌아오고 또 이런 의견은 경솔하게 믿어버리는 내 마음에 오랫동안 친숙한 습관처럼 붙어 있어서 내 의지와는 상관없이 내 마음을 점령해버리기 때문이다.
그러므로 나는 여기서 정반대로 하리라고 다짐하면서 나 자신을 속여서 잠깐이라도 이런 의견을 거짓되고 공상적인 것으로 가정하고 이렇게 해서 양쪽 편견이 마침내 균형이 잡히면 이제부터는 내 판단이 삐뚤어진 습관에 지배되지 않도록 사물에 대한 올바른 인식에 이르는 길에서 벗어나지 않도록 해야 한다.

데카르트, 이현복 옮김, 《성찰》 중에서

음을 얻는 대목이 있다면 어떤 것입니까?

이현복   데카르트의 성찰 가운데 제가 가장 좋아하는 대목은 타성에 젖은 의견이나 습관에서 벗어나야 한다는 점을 강조하는 가르침입니다. 사실, 내용에 그리 큰 철학적 주장이나 의미가 있는 것은 아니지만, 제가 이 대목을 특별히 좋아하는 이유는 철학하는 자세에 대한 경고와 당부가 담겨 있기 때문입니다.

누구나 선입견이나 습관에서 벗어나기가 참 어렵습니다. 데카르트는 설령 치열하게 의심하고 사유의 명증성을 확보하고 그래서 어떤 진리에 도달했다고 해도, 이것이 한 번으로 끝나는 것이 아니라고 말합니다. 왜냐면 이전의 습관들이 계속 나를 지배하려고 해서 내 사유를 이전의 상태로 되돌려놓기 때문이죠. 따라서 타성에 젖지 않도록 스스로 경계하고, 늘 긴장해야 한다는 점을 강조한 겁니다.

이것은 우리 삶의 자세와도 직결되어 있다고 봅니다. 사실, 우리가 비판적인 검토 없이 생각하고 행동하는 많은 것이 대부분 선입견에 의해 지배되고 있죠. 선입견은 지극히 맹목적인 것인데, 맹목적인 선입견에 따라 사고하고 행동한다면, 그 사고나 행동 역시 맹목적일 수밖에 없습니다. 그래서 데카르트는 우리에게 익숙한 습관을 바꿔보라고 충고합니다. 선입견과 맹목적인 습관에서 벗어나서 자신이 가장 확실하고 분명하다고 판단한 것에 따라 인식과 행위를 스스로 주도하라고 말합니다. 그러려면 기본에 충실해야 합니다. 기초가 단단해야 그 위에 세워질 구조물도 견고하기 때문이죠.

모든 인간은 행복한 삶을 꿈꿉니다. 그러나 행복한 삶은 과연 어떤 것이냐고 물었을 때 사람들은 돈, 명예, 권력과 같은 세속적인 가치를 열거할 겁니다. 그러나 데카르트는 이렇게 말합니다. 행복한 삶이란 후회하지 않는 삶이다. 그렇다면, 후회하지 않는 삶은 어떻게 가능할까요? 그것은 적어도 내가 무언가를 생각하고 행동할 때 선입견이나 맹목적인 습관을 따르지 않고, 내가 스스로 충분하게 검토하고 또 검토해서 비록 내 능력이 유한하고 불완전하다 하더라도 적어도 최선을 다했다고 말할 수 있을 때 우리는 행복한 삶을 살았다고 말할 수 있습니다.

설령 그 생각과 행동의 결과가 잘못되었다고 하더라도 우리는 후회하지 않을 겁니다. 동요하지도, 불안해하지도 않을 겁니다. 이것이 데카르트가 우리에게 주는 메시지이고, 저는 이것이 데카르트의 가장 큰 매력이라고 생각합니다.

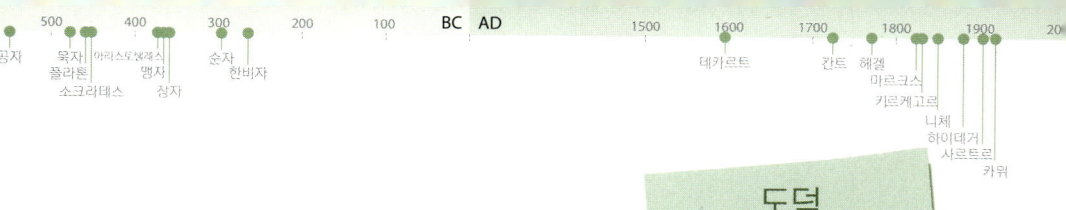

도덕

내 위의 별이 빛나는 하늘과 내 안의 도덕법칙, 칸트

| 백종현 |

"칸트는 사람마다 자기 나름대로 행위규칙을 가지고 있겠지만, 보편적인 법칙이 될 수 있는 규칙을 세워서 행동하라고 말합니다. 그런 규칙에 부합하는 명령 가운데 하나가 자신이나 다른 사람을 수단이 아니라 목적으로 대해야 한다는 거예요. 우리는 다른 사람을 수단으로 대하는 사람들을 주변에서 참 흔하게 봅니다. 예컨대 부모가 자녀를 교육할 때에도 이런 모습을 볼 수 있어요. 어머니가 어린 자녀에게 '이웃에게 친절해야 한다'고 가르치면, 아이가 묻습니다. '왜 그래야 하는데요?' 그러면 어머니는 '네가 친절하게 굴어야 사람들한테서 칭찬도 받고, 또 네가 어려울 때 사람들이 도움도 줄 것 아니니?'라고 대답합니다. 이런 식으로 자녀에게 일종의 처세술을 가르치는 것이지요. 그러나 이런 가르침은 역설적으로 자신에게 이익이 되지 않는 사람에게는 무관심해도 된다는 뜻이 되어버리지요."

백종현

서울대학교 철학과 교수.
서울대학교 철학과 졸업, 동 대학원 석사, 독일 프라이부르크대학교 철학박사.
한국철학회《哲學》편집인, 한국칸트학회 회장, 서울대학교 철학사상연구소 소장 역임.
주요 저서 :《실천이성비판》(역)

칸트는 누구인가

김갑수 서양철학 흐름의 중앙 저수지라고 불리는 철학자가 있죠. 바로 임마누엘 칸트입니다. 칸트 이전의 철학이 그에게서 집결하고, 또 이후의 모든 철학이 그의 영향을 받으며 흘러간다는 뜻에서 그런 비유가 생긴 것이 아닌가 합니다.

칸트의 궁극적 관심사는 인간이었다고 하죠. 그에게 인간은 어떤 존재였는지, 특히 그가 생각한 도덕적인 인간의 전형은 어떤 것이었는지, 백종현 교수의 말씀을 들어보려고 합니다. 우선, 칸트라는 서양 철학자가 어떻게 우리에게 알려졌는지 궁금합니다.

백종현 칸트는 한국에 소개된 최초의 서양 철학자였습니다. 제가 알기로는 한국 사람이 서양 철학자에 대해 쓴 최초의 글이 1905년경에 나왔습니다. 이정직(李定稷, 1841~1910)이라는 분이 《강씨철학설대략(康氏哲學說大略)》이라는 글을 썼는데 여기서 '강씨'는 칸트를 말합니다.

임마누엘 칸트

Immanuel Kant
(1724~1804)

동(東)프로이센의 중심도시 쾨니히스베르크(지금의 칼리닌그라드)에서 출생했다. 마구(馬具) 제조업자인 아버지와 신앙심 깊은 어머니 사이에서 태어나 평생 쾨니히스베르크에서 살았다. 11명의 자녀 중 넷째로 태어난 그는(11명의 자녀 중 어른이 될 때까지 살아남은 사람은 5명뿐이었다), '엠마누엘'(Emanuel)이라는 이름으로 세례를 받았으며, 자신의 이름을 '임마누엘'(Immanuel) 곧 '하나님이 우리와 함께 계시다'라는 의미의 이름으로 표기하였다.

그의 나이 열세 살에 어머니를 여의고, 스물둘에 아버지와 사별했다. 그는 가난만 물려받았다. 더욱이 작은 목소리에 약간 굽은 체격, 돋보이는 재능이 없었던 칸트를 사람들은 주목하지 않았다. 그러나 그는 매우 성실한 학생이었고, 그가 속한 종파인 기독교의 경건주의는 종교적인 헌신과 겸손함 그리고 성경을 문자 그대로 해석하는 것을 강조했다. 루터파 목사가 운영하던 경건주의 학교에 입학하여 8년 6개월 동안 교육을 받은 칸트는 수학과 과학보다는 라틴어와 종교적 수련을 우선시했다.

그리고 프리드리히 대왕 시대의 계몽적인 시민육성책, 당시 프로이센의 지리적·역사적 조건 등은 그가 세계시민의 철학을 지향하게 된 배경이 되었다. 대학 재학 중 뉴턴 역학에 관심을 보여 후일 그에 관한 저술을 남기기도 했다. 한 저작에서 그는 뉴턴 역학의 모든 원리를 확대 적용하여 우주의 발생에 대한 역학적 해명을 시도했다.

루소 역시 칸트에게 큰 영향을 미쳤는데, 그는 칸트로 하여금 문명에 물들지 않은 소박한 인간의 존엄성에 대해 눈뜨게 했다. 이처럼 칸트는 뉴턴, 루소를 기저에 두고 흄의 비판적 사고를 수용하여 중세 이후 전통적 형이상학을 근본적으로 재편성하는 비판철학을 탄생시켰다.

칸트의 철학은 예나를 비롯한 몇 곳을 거점으로 하여 순식간에 전 독일의 대학·논단을 석권했고 피히테에서 헤겔에 이르는 독일 이상주의 철학의 개시자로서, 또 그 모태로서 매우 중요한 역할을 했다. 그 영향은 다시 영국·프랑스의 이상주의, 관념론 철학에까지 미쳤으며, 후일의 독일 신(新)칸트학파의 철학 또한 칸트의 비판주의의 직접 계승을 지향한 것이었다. 신칸트학파 퇴조 후에 나타난 수많은 철학 조류 역시 모두 직·간접적으로 칸트의 영향을 적지 않게 받았다고 할 수 있다.

그는 당시로는 최장수를 누리고 팔십 세가 되던 1804년에 생을 마감했다. 세상을 떠나며 그가 남긴 마지막 말은 '좋다'였다.

그 이후에 한용운 선생의 《조선불교유신론(朝鮮佛敎維新論)》이 1910년에 나왔는데 거기에 칸트의 철학을 응용해서 불교를 해석하는 내용이 상당 부분 포함되어 있습니다. 그리고 1920년대에 최현배 선생이 〈동아일보〉에 연재했던 글을 모아 단행본으로 출간한 《조선민족갱생(朝鮮民族更生)의 도(道)》에서도 칸트의 윤리 강령들을 응용하고 있어요. 이처럼, 칸트의 철학은 알게 모르게 오래전부터 우리 문화의 저변에 깔려 있는 셈이지요.

《조선불교유신론》,
한용운, 1913

김갑수 칸트에 관해 전설적으로 들리는 이야기는 '오후 네 시의 철학자'라고 해서 그가 지나가는 시간을 보고 주민이 시계를 맞출 정도로 매우 규칙적인 생활을 했다고 하죠. 이런 전기적인 사실도 그의 철학을 이해하는 중요한 요소라고 보는데, 칸트는 젊은 시절에 매우 궁핍한 생활을 했다죠?

백종현 칸트는 쾨니히스베르크대학에서 신학을 공부하고 졸업할 때까지 후원자도 별로 없었고, 매우 가난하게 살았습니다. 대학을 졸업하고도 생업이 없으니 여전히 가난했지요. 아버지도 세상을 떴고, 대학부속학교에서 조교직을 얻는 데에도 실패했기 때문에 칸트는 남의 집 가정교사로 약 9년간 일했습니다. 그러면서 대학교수가 되겠다는 목표를 세우고 돈을 열심히 모아서 교육과정을 이수했습니다.

쾨니히스베르크대학 교정(루드비히 클레리쿠스, 1850)

그렇게 하여 쾨니히스베르크대학에서 강사가 되었는데, 그 당시 독일에서 강사는 '사강사(私講師)'라고 해서 요즘 학원 선생처럼 수강생 수에 따라 강사료를 받았습니다.

칸트는 원래 논리학, 형이상학이 철학의 본령이라고 생각했던 사람인데, 그런 수업에는 수강생이 대여섯 명밖에 되지 않았어요. 그런 어려움에도 불구하고 논리학, 형이상학을 중심으로 도덕철학, 물리학, 신학, 자연법, 지리학 등 일주일에 20시간 정도나 꾸준히 강의했다고 합니다.

칸트는 쾨니히스베르크대학에서 교수직을 얻는 데 두 번이나 실패했지만, 예나대학 등 다른 대학에서 교수로 초빙되었음에도 모두 거절했습니다. 고향에서 안온하게 지내면서 자신의 철학에 몰두하고 싶었기 때문이지요. 실제로 칸트는 평생 쾨니히스베르크 시 인근을 벗어난 적이 없다고 해요.

그러다가 41세가 되어서야 비로소 정규 직장을 찾았는데, 대학교수 자리는 아니고, 시의 왕립도서관의 부사서 자리를 얻게 되었습니다. 그나마도 주변 사람이 그의 처지가 너무 딱해 보여서 그 자리를 주선해줬다고 해요. 그리고 46세에 드디어 교수가 되었습니다. 그런데 제가 칸트의 전기를 읽으면서, 이 시기에 그가 했던 매우 특이한 행동에 주목한 적이 있습니다. 칸트가 41세에 처음 받은 연봉이 62탈러였는데, 그 금액이면 간신히 연명할 수 있는 정도입니다. 그런데 칸트가 봉급을 받자마자 가장 먼저 한 일이 집에 가사도우미를 고용한 겁니다. 가난한 살림에 칸트는 왜 가사도우미를 구했을까요? 그것은 칸트가 이제부터 오로지 학문에만 전념하겠다고 생각했기 때문이었던 것 같아요. 그 남자 도우미는 칸트가 죽을 때까지 40년을 함께했습니다. 칸트는 최초로 철학을 생계수단으로 삼아 살아간 프로 철학자였습니다. 그런데 그런 경력을 시작한 나이가 46세입니다. 그 당시 평균 수명이 50세 정도였으니 만약 칸트가 평균 수명대로 살았다면 철학자로서 그의 삶은 꽃필 수 없었을 뻔했습니다.

칸트 철학의 형성

김갑수   포스트모던은 근대적 사고의 틀을 바꾸어놓았죠. 이성보다는 감성에 중심을 둔다든가, 주체에 대한 관심을 객체로 옮겨간다든가, 단일한 구조보다는 다변화한 구조에 주목한다는 등 현대인 사유의 틀 자체를 바꾸어놓았다는 생각이 듭니다. 이런 변화가 한편으로는 신선하게 보이기도 하지만, 다른 한편으로는 가치관의 혼란이라든가 도덕성의 붕괴와 같은 역기능을 낳기도 했는데, 그에 따른 사회 병리적 현상도 심각합니다. 사소한 사례이긴 하지만, TV에 어느 여대생이 나와서 '키 작은 남자는 루저'라는 발언을 아무 거리낌 없이 한다거나, 압구정동에만 400여 개소의 성형외과가 성업하는 등 급변하는 오늘날 사회 분위기에서 칸트를 말하는 것은 남다른 의미가 있을 것 같은데요.

백종현   우리 헌법에서 국민에게 가장 먼저 보장하는 자유가 신체의 자유입니다. 칸트도 그 자유를 전혀 무시하지 않아요. 그 신체적 욕구나 갈망을 가장 잘 충족할 수 있게 지혜를 제공하는 것이 이성이에요. 그것을 '도구적 이성'이라고 합니다. 이성이 도구가 되는 것이지요. 그런가 하면, 신체가 욕망이나 갈망으로 방향을 제대로 잡지 못할 때 그것을 통제하고 억제하고 안내하는 이성이 있어요. 이것을 '법칙수립적 이성'이라고 합니다. 다시 말해 어떤 법칙을 정해서 그것을 따르게 한다는 것이지요. 칸트가 말하는 이성은 바로 이런 법칙수립적 이성입니다.

플라톤은 신체를 영혼의 감옥으로 여겨서 인간이 신체를 떠날수록 완전한 존재가 된다고 설파한 적이 있습니다. 그래서 신체를 배제한 순수한 형태의 이성적 존재가 될 수 있게 하는 지식을 이데아와 같은 개념으로 설명하지 않았습니까?

그런데 칸트는 플라톤의 이런 주장을 희화해서 비판합니다. 경쾌하게 하늘을 나는 비둘기는 공기의 저항이 없으면 마음껏 날아다닐 수 있다고 생각할지 모르지만, 실제로 공기가 없으면 추락하고 말지요. 그와 마찬가지로 사람들은 신체의 속박을 벗어나면 훨씬 더 자유롭게 살아갈 수 있다고 생각하지만, 그건 착각이라는 겁니다. 인간에게 신체가 없다면 우리는 그를 인간이라고 부를 수 없잖아요. 이처럼 칸트는 신체를 기본적인 조건으로 간주하고 사유합니다. 칸트는 다만 신체가 한낱 욕구의 발현체가 될 때는 이성의 통제가 있는 경우에만 인격의 담지자가 될 수 있다고 봤던 것이지요.

김갑수   철학사에서 칸트는 어떤 경향에 속하고, 또 그의 철학이 이후 어떤 흐름을 만들어놓았는지 궁금합니다. 큰 맥락에서 설명해주셨으면 합니다.

백종현 칸트를 추종하거나 비판하면서 철학할 수는 있어도 칸트를 모르고는 철학할 수 없다는 말이 있어요. 서구정신을 구성하는 세 가지 큰 요소는 그리스·로마 문명, 기독교 문화, 그리고 과학정신이라고 할 수 있는데, 철학사에서 이런 요소들을 모두 포함한 위대한 사상가들이 바로 근대철학자들이 아니겠습니까? 그리고 근대철학의 정점에 있는 사람이 바로 칸트이기에 모든 철학이 그에게로 모인다고 말하는 겁니다.

칸트에게 영향을 준 사람 가운데 뉴턴이 있습니다. 초기에 칸트는 물리학을 공부하면서 뉴턴의 이론을 진지하게 연구했습니다. 칸트가 1774년에 최초로 저술한 책도 물리학적 운동에 관한 것이었지요. 그리고 루소도 그에게 큰 영향을 주었습니다. 칸트는 몹시 가난해서 63세가 되어서야 집을 샀다고 하는데, 소박한 실내에 그림이 딱 하나 걸려 있었답니다. 바로 루소의 초상화였다지요.

김갑수 40년 동안 매일 똑같은 시간에 똑같은 길을 산책했던 칸트가 평생에 딱 두 번 산책길을 바꾼 적이 있었다고 하죠. 한 번은 프랑스 혁명의 소식을 들으러 가기 위해서였고, 다른 한 번은 루소의 책을 구하러 가기 위해서였다고 하더군요. 그에게 루소가 어떤 존재였는지를 알려주는 일화인 것 같습니다.

Isaac Newton, 1642~1727

J. J. Rousseau, 1712~1778

D. Hume, 1711~1776

백종현   칸트는 루소만이 아니라, 라이프니츠(G. W. Leibniz, 1646~1716)나 흄의 영향도 많이 받았습니다. 칸트는 《형이상학서설(Prolegomena)》이라는 작은 책자에서 '흄의 저술을 읽으면서 교조주의(독단주의)의 선잠에서 깨어났다'고 고백했지요. 칸트가 이전 독일에서 대학철학의 주류를 이루던 전통적인 이성주의 형이상학을 극복하는 데 자극이 된 철학자가 바로 흄이었습니다.

칸트 이후에 그를 추종하는 후계자 그룹이 생겼고, 그런 흐름이 독일 이상주의 철학으로 이어졌는데 그 조류가 세계 철학사에 큰 영향을 미치면서 사람들은 칸트가 서양철학 흐름의 한가운데를 차지하고 있다고 말하는 겁니다.

자연과학적 지식과 윤리적 세계

김갑수   앞서 칸트가 전통적인 이성주의 형이상학을 극복했다고 하셨는데, 그것은 어떤 의미입니까?

백종현   당시에 형이상학의 가장 큰 쟁점은 신이 존재하느냐, 영혼이 불멸하느냐는 문제였습니다. 사실, 인간이 사후에 어떻게 되느냐 하는 문제는 오랜 세월 철학의 관심사였지요. 2,500년 전에 소크라테스가 인간의 영혼은 불멸한다고 주장했는데, 그런 주장은 지금도 호응을 받고 있잖아요. 그렇다면, 영혼이 불멸한다는 것을 어떻게 증명할 것인가. 영혼이 단순하다는 것을 증명하면 영혼이 불멸하다는 것이 입증된다는 것이 대표적 논변입니다. 단순한 것은 분해될 수 없으니까요. 복합적인 것은 여러 조각으로 분해되지만, 단순한 것에는 부분이 없고, 부분이 없으면 분해될 수 없지요. 분해되지 않으면 소멸하지도 않겠지요. 그래서 영혼이 단순하다는 것을 어떤 방식으로든지 증명하면 영혼이 불멸하다는 것을 증명하게 되는 셈이지요. 실제로 보여준다는 것이 아니라, 논리적으로 그렇게 증명한다는 거예요. 그렇다면, 신이 존재한다는 것은 도대체 어떤 상태를 말하는 것이냐. 신이 있다거나 없다고 주장하는 사람은 무엇을 말하는 것이냐. 철학에서 있다, 없다는 개념, '존재'라는 주제는 가장 핵심적인 논의입니다. 칸트에게 '있다'라는 것은 시간적·공간적으로 모습을 드러내는 것을 말합니다. 그런데 신은 시간상으로나 공간상으로 모습을 드러내지 않지요. 우리가 신은 초시간적이고 초공간적인 존재라고 하잖아요. 만약 그렇다면 칸트는 신의 존재에 대해 '있다, 없다'라고 말할 수 없다고 합니다. 일반 신앙인과 교회에서는 칸트의 그런 주장을 도저히 받아들일 수 없었겠지요.

김갑수 교회에서는 칸트가 신의 존재를 부정한 것으로 간주했겠군요.

백종현 그런 맥락에서 칸트는 이른바 전통적인 형이상학적 지식은 지식이 아니라고 말합니다. 지식은 '있는 것'에 대한 파악이라는 겁니다. 그런데 있는 것은 시간, 공간상에 모습을 드러내는 것이니까, 칸트는 엄밀한 의미에서 자연과학적 지식만을 지식이라고 말합니다.

그래서 《순수이성비판》은 '나는 무엇을 알 수 있는가'라는 질문에 대한 답변의 과정이라고 볼 수 있어요. 즉, 이성적인 동물로서 나는 무엇을 알 수 있느냐는 질문에 대한 답으로 '나는 자연적인 세계에 나타나는 것만을 알 수 있다. 그러니까, 자연세계를 넘어서는 것에 대해서는 아무것도 안다고 할 수 없다'는 것이지요.

김갑수   다시 말해 자연의 세계를 넘어서는 인간의 영혼이나 신의 존재를 알 수 없다는 거군요.

백종현   그런 것은 지식의 대상이 아니니까요. 그런데 인간에게는 자연의 세계와는 다른 또 하나의 세계가 있어요. 칸트는 그것을 도덕의 세계, 윤리의 세계라고 말합니다. 그 세계에서 인간은 사실이 아니라, 이념에 따라 행동합니다. 따라서 가장 중요한 것은 지식이 아닙니다. 지식의 세계에서 인간이 추구하는 가치는 진리입니다. 그러나 인간이 실천적 행위에서 추구하는 가치는 진리가 아니라 선(善)이에요. 선은 진리와 직접적인 관계가 없어요. 어떤 사람이 윤리학 이론에 해박하다고 해서 그를 선한 사람이라고 말할 수는 없잖아요. 윤리학을 전혀 모르면서도 선한 사람이 얼마든지 있지요. 이처럼, 선하게 사는 데 지식이 반드시 필요한 것은 아니잖아요. 만약 착하게 살면 복이 오고, 이익이 생기고, 쾌락이 따라온다면 누구나 착하게 살려고 할 겁니다. 그런데 착하게 살면 대부분 손해를 보고 오히려 고통스러울 때가 흔하지요. 칸트는 합리성을 무엇보다도 우선시한 사람인데, 착하게 살면서 고통을 받는 것은 합리적이지 못하다고 생각했습니다. 착하게 산 만큼 복을 받아야 한다는 것이지요. 그런데 이 세상에서는 현실적으로 그런 결과를 기대할 수 없잖아요. 그래서 칸트는 인간의 삶이 신체의 종말과 함께 끝나지 않아야 한다고 생각합니다. 인간에게는 현실 세계 외에 또 하나의 세계가 있는데, 그것이 바로 희망의 세계입니다. 인간의 지적 수준으로는 신이 존재하는지, 영혼이 불멸하는지를 알 수 없어요. 그러나 우리가 합리적으로 생각한다면 신은 마땅히 있어야 하고 영혼도 마땅히 불멸해야 하지요. 칸트는 이것을 '요청'이라고 말합니다. 다시 말해 그것이 사실은 아니지만, 마땅히 그래야 하는 것, 결국 우리가 희망하는 것이지요.

김갑수   합리주의 철학자가 희망을 이야기한다는 것이 제게는 매우 감동적으로 들리는군요.

백종현   저는 요즘 사람들이 지식만 신봉하는 것이 병폐라고 생각해요. 모든 것을 지식으로만 설명하려다 보니, 지식이 될 수 없는 것도 지식으로 환원해서 설명하잖아요. 왜냐하면 무엇이든지 지식으로 인정받아야만 신빙성을 보장받을 수 있으니까요. 그러나 칸트는 지식의 영역을 한정하고, 그 영역이 인간 삶에서 내포하는 의미 역시 한정했지요. 그리고 윤리의 세계나 희망의 세계가 지식의 세계 못지않게 인간에게 의미 있다고 주창했어요.

김갑수   칸트의 대표적인 3대 저서를 《순수이성비판》, 《실천이성비판》, 《판단력비판》이라고 하잖아요. 제목에 모두 '비판'이라는 단어가 들어 있는데, 여기서 '비판'이란 어떤 의미죠?

백종현   계몽주의자들은 이전의 철학이 가치의 본부로 삼았던 신적 이성을 인간의 이성으로 대치했지요. 그러니까, 신이 하던 일을 인간도 할 수 있다고 생각한 거예요. 그러나 칸트가 보기에 그것은 터무니없는 생각이었어요. 그래서 인간의 이성으로 무엇을 할 수 있는지 먼저

칸트의 3대 비판서

칸트는 경험론과 이성론의 문제점들을 극복하고 감성과 지성을 결합한 선험적 관념 철학자였다. 그는 인간의 이성이 입법적 고유성도 가지고 있지만 한계도 있기에, 이성비판을 철학의 근본과제로 삼았다.

칸트는 1781년 출간한 그의 비판철학의 첫 번째 저서인《순수이성비판》에서 인간 이성의 권리와 한계, 학문으로서 형이상학의 성립 가능성을 물었다. 즉, 인간의 이성은 감성(즉 감성의 선험적 형식으로서의 공간과 시간)과 결합함으로써 수학이나 자연과학에서 볼 수 있는 확실한 학적 인식(學的認識)을 낳을 수 있지만, 일단 이 감성과 결부된 현상의 세계를 떠나서 사물자체(事物自體)의 세계로 넘어가면 해결할 수 없는 문제에 말려들어 헤어날 수가 없다. 그래서 칸트는 초경험적인 세계에는 이론이성만으로는 도달 불가능하며, 실천이성을 매개로 해서나 이를 수 있다고 주장했다.

《순수이성비판》에서 인식의 원리를 찾은 칸트는 1788년 출간한《실천이성비판》에서 인간 행위의 준거를 논했다. 도덕적 행위를 규제하는 것은 일정한 목적을 전제로 하여 그 실현의 수단을 지시하는 가언명령(假言命令)이 아니라, 단적으로 '~해야 한다', '~해서는 안 된다'라고 지시 또는 금지하는 정언명령(定言命令)이어야 하고, 이성이 스스로 정한 이 실천법칙에 자진해서 복종함으로써 자율적이고 자유로운 도덕이 성립한다는 엄격한 의무윤리(義務倫理)를 주장했다. '너의 행위가 항상 보편적 법칙에 맞도록 그렇게 행위하라', 곧 "너 자신의 인격에서나 다른 모든 사람의 인격에서 인간성을 항상 동시에 목적으로 대하고, 결코 한낱 수단으로 대하지 않도록, 그렇게 행위하라"는 실천법칙은 정언명령의 성격을 잘 드러낸다. 이 같은 정언명령은 이성적 존재자라면 누구나 그 자체를 존경하여 의무로 받아들여야 할 무조건적인 명령인 것이다.

1790년에 출간한《판단력비판》은 칸트의 비판철학 체계를 구성하는 3대 비판서의 마지막 저술이다. 이 책은 제1 비판서에서 살펴본 이론이성과 제2 비판서의 주제였던 실천이성 사이의 교량 역할을 하는 것으로서, 주어져 있는 개별자들을 포섭할 수 있는 보편자를 반성하는 판단력에 주목하고, 구체적으로는 미적 판단력과 목적론적 판단력의 비판이라는 형식으로 그의 이성비판 작업을 완성했다.

칸트의 철학은 자신의 이성적 한계를 인정하는 인간의 절제능력과, 자신의 한계를 이성의 자기 입법적 능력을 통해 초월할 줄 아는 인간의 존엄성에 관한 철학이었다.

정확하게 분간해보자고 한 것이지요. 결국, 그가 말한 '비판'은 '한계 긋기', '이성 능력의 범위 분간'을 뜻합니다.

김갑수   인간이 이성을 통해 무엇을 할 수 있고, 무엇을 할 수 없는가. 이성의 활동 영역이 어디까지인가를 규정하자는 것이었군요.

《실천이성비판》의 끝 부분에 이런 구절이 나옵니다.

"그것에 대해서 자주 그리고 계속해서 숙고하면 할수록, 점점 더 새롭고 점점 더 큰 경탄과 외경으로 마음을 채우는 두 가지 것이 있다. 그것은 내 위의 별이 빛나는 하늘과 내 안의 도덕법칙이다."

칸트가 말한 내 안의 도덕법칙은 무엇을 의미합니까?

《실천이성비판》, 임마누엘 칸트, 백종현 역, 2009

백종현   지금 인용하신 구절은 칸트 묘비명이기도 합니다. 내 위의 별이 빛나는 하늘은 자연법칙의 세계를 의미합니다. 앞서 말한 대로 지식의 세계를 말하는 것이라 볼 수 있겠습니다.(다른 해석도 있기는 합니다만) 그리고 인간의 내면에 있는 또 하나의 세계는 도덕법칙이 작동하는 세계입니다. 그런데 도덕명령은 인간이 하고 싶어 하는 것은 하지 말라고 하고, 하기 싫어하는 것은 하라고 하잖습니까? 이론이라는 것은 있는 것을 있다고 하고, 없는 것을 없다고 하는 것이지요. 있는 것을 서술하되, 논리적으로 완벽하고 체계적으로 서술하면 그것이 좋은 이론이에요. 그런데 실천은 있는 것을 없게 하거나, 없는 것을 있게 하는 것을 말합니다. 예를 들어 부모님께 효도하라는 것은 지금 효도하지 않고 있으니 하라는 겁니다. 그래서 효도를 잘하면 효자·효녀상을 주지 않습니까?

그런데 자식을 사랑하라는 도덕명령은 없습니다. 자식을 잘 사랑한다고 상을 주지도 않아요. 왜 그럴까요? 그것은 누가 시키지 않아도 부모는 자식을 사랑하기 때문입니다. 그러니까, 도덕명령은 자연에 어긋나는 겁니다. 무엇을 하고 싶다는 것은 마음에서 자연적으로 우러나는 것인데, 도덕은 어떤 행동을 금지하거나, 어떤 행동을 강제로 하게 하는 규칙이에요. 그런데 그 규칙은 어디에서 오느냐. 인간의 실천이성에서 온다는 것이 칸트의 인간관입니다.

김갑수   칸트의 도덕철학이 공자의 윤리사상과 맥이 닿은 면이 있다는 생각이 드는군요. 공자가 말한 군자의 자세가 칸트 철학의 도덕적 자세와 일맥상통하는 부분이 있는 것 같아요.

백종현   중국 사람들도 처음에 서양사상을 받아들이면서 칸트를 발견하고는 공자가 근대 독일에서 다시 태어났다고 평한 적도 있어요. 공자가 왕이었습니까, 재상이었습니까? 하지만 공자를 성인으로 추앙하는 것은 그 인격의 탁월성 때문이겠지요. 칸트도 인간이 다른 존재보다 탁월한 것은 인격이 있는 존재이기 때문이라고 생각했어요. 아마도 중국인들은 칸트의 그런 측면에서 유학에서 말하는 군자 개념과의 유사성을 발견했겠지요.

오늘날 다시 만나는 칸트

김갑수   칸트는 인류의 평화에 대해서도 깊이 사유한 철학자인데, 그런 면모는 일반에 덜 알려진 것 같습니다. 그가 《영원한 평화를 위하여》에서 어떤 내용을 전개했는지 소개해주셨으면 합니다.

백종현   오늘날 유럽은 20여 개 나라가 모여 연합체를 이루고 있잖아요. 그런데 원래 그 국가들이 민족국가로 분리된 지 200여 년밖에 되지 않습니다. 칸트는 국가의 이합집산이 심하던 시대에 살았기에 국제관계에 관심이 많았지요. 칸트는 인간의 단위가 개인이듯이, 국가를 국제관계의 기본 단위로 보았습니다. 그러니까, 큰 사람이든 작은 사람이든 어른이든 어린이든 하나의 개인으로서 누구나 동등하게 존엄하듯이, 국가도 큰 나라든 작은 나라든 모두 동등하게 자율적인 주권체제를 유지하지요.

그런데 국제적인 평화가 유지된다고 해도 흔히 강대국이 작은 나라들을 주도적으로 통제하는 방식으로 평화가 유지되잖아요. 팍스 로마나(Pax Romana), 팍스 아메리카나(Pax Americana)와 같은 사례를 보면 강력한 중심 국가가 주변 국가들을 통제하고 포섭해서 전쟁이 일시적으로 중단된 상태를 말하지요. 그런데 칸트는 그런 일시적인 평화 상태가 아니라, 인류의 영원한 평화를 구상했어요. 그 핵심적인 내용을 보면 각 국가가 서로 자율권을 인정하고, 군사적으로 다른 나라를 공격하지 말아야 한다는 원칙을 세운 거예요.

그런데 그런 그의 구상이 일부 실현된 적이 있어요. 제1차 세계대전이 끝나고 나서 국제연맹이 결성되지 않았습니까? 국제연맹 규약의 항목들은 칸트의 세계 평화론을 토대로 작성되었습니다. 하지만 2차 대전이 일어났을 때 국제연맹에는 견제장치가 없어서 전쟁을 막지 못했지요. 그래서 2차 대전 이후에 설립된 국제연합은 안전보장

국가 간의 영구평화

국제법의 이념은 상호 독립적인 이웃해 있는 많은 국가의 분리를 전제로 한다. 설령 이러한 상태가 그 자체로 이미 하나의 전쟁 상태라 하더라도, 이 상태만으로도 이성의 이념에서 볼 때 다른 국가들을 압도하여 하나의 보편 왕국으로 나아가는 강국에 의해 여러 나라가 합방되는 것보다는 좋다.
통치의 범위가 확대되면 될수록 위력은 약화되고, 법의 정신이 사라짐과 함께 선의 싹도 절멸되어 마침내 '영혼 없는 전제'가 출현하기 마련이기 때문이다.

딛마누엘 칸트, 《영원한 평화를 위하여. 한 철학적 구상》 중에서

이사회라는 견제장치를 도입했는데, 그것은 또 어느 면에서 칸트의 구상과 맞지 않아요. 국제연합은 대등한 국가끼리의 연합이 아닙니다. 그것은 안전보장상임이사회 국가들이 주도하는 체제로 거기에는 주도국과 주변국이 있어요. 국제연합은 칸트가 구상했던 영구평화의 체제와는 거리가 있지요.

김갑수   칸트의 영구평화 구상, 평화연맹 체제 구상은 오늘날 현실에 비추어 이상주의적인 측면이 있는 것처럼 보이는군요. 모든 나라가 각기 동일한 주권을 행사하며 평화롭게 공존해야 한다는 칸트의 사고는 어쩌면 당시에 부상했던 계몽철학과 더불어 '최대 다수의 최대 행복'을 주장하는 공리주의적 사고와 연관이 있는 듯합니다. 칸트가 계몽을 중요시했다는 사실은 이미 널리 알려졌지만, 공리주의에 대해 어떤 반응을 보였는지 궁금합니다.

백종현   공리주의는 기본적으로 이익을 가져다주는 것, 쾌락을 증진하는 것을 유용(utile)하다고 보고, 유용한 것은 좋다(good)고 주장합니다. 얼핏 들으면 당연한 얘기지요. 우리에게 즐거움을 주는 것이 좋은 것 아닙니까? 그걸 부인할 순 없죠. 그런데 우리에게 고통을 주는 것은 악한 것이고, 즐거움을 주는 것은 선한 것이라는 사고에는 도덕적 의미의 '선'의 자리가 없어요. 예를 들어 우리가 이런 말을 하죠. '그것이 너에게 이익이 될지는 모르지만, 도덕적으로 권할 만한 것은 못 된다.' 이런 경우에 우리는 그저 '좋음'과 도덕적 선을 구별할 수 있잖습니까? 그런데 공리주의에는 그런 구별이 없습니다.

김갑수 칸트는 공리주의에 도덕성이 결여되었다는 점을 문제 삼았군요.

백종현 우리는 감성적 욕구를 충족하는 것을 '이롭다'고 말하지요. 그러나 감성적 욕구를 충족해도 도덕법칙에 어긋난다면 그것은 선한 일이 아니에요. 칸트는 그것을 구별하자는 거예요. 그럴 때 그 도덕법칙의 준거가 무엇이냐는 문제가 대두하겠지요. 앞서 말했듯이 공리주의자들은 도덕법칙이 사람들의 선호에서 나오고, 많은 사람이 좋아하는 것이 도덕적 좋음의 기준이라고 말하지요. 그런데 그런 식으로 사고한다면 세상이 도덕적으로 나쁠 때가 없을 겁니다. 왜냐면 다수가 좋아하는 것은 당연히, 언제든지 있잖아요. 그것이 언제나 도덕의 척도가 되는 셈이니까요.

김갑수 그럴 때 지배적인 다수의 논리가 늘 도덕적인 것이 되겠군요.

백종현 도덕 이론으로는 말이 안 되는 것이지요. 예를 들어 많은 사람의 선호라는 것이 개인 간의 이해관계를 조정할 때 설득의 근거는 될 수 있겠지만, 그것이 도덕적으로 반드시 옳다고 할 수는 없지요. 이 세상 누구도 원하지 않는 일이 도덕적일 수 있고, 모든 사람이 원하는 것이 비도덕적일 수도 있으니까요. 다시 말해 선악은 다수의 선호로 결정되는 게 아니에요. 칸트는 바로 그 점을 지적하는 겁니다. '행복의 원리'와 '윤리의 원리'는 동일한 것이 아닙니다.

칸트는 사람마다 자기 나름대로 행위규칙을 가지고 있겠지만, 보편적인 법칙이 될 수 있는 규칙을 세워서 행동하라고 말합니다. 그런 규칙에 부합하는 명령 가운데 하나가 자신이나 다른 사람을 수단이 아니라 목적으로 대해야 한다는 거예요. 우리는 다른 사람을 수단으로 대하는 사람들을 주변에서 참 흔하게 봅니다. 예컨대 부모가 자녀를 교육할 때에도 이런 모습을 볼 수 있어요. 어머니가 어린 자녀에게 '이웃에게 친절해야 한다'고 가르치면, 아이가 묻습니다. '왜 그래야 하는데요?' 그러면 어머니는 '네가 친절하게 굴어야 사람들한테서 칭찬도 받고, 또 네가 어려울 때 사람들이 도움도 줄 것 아니니?'라고 대답합니다. 이런 식으로 자녀에게 일종의 처세술을 가르치는 것이지요. 그러나 이런 가르침은 역설적으로 자신에게 이익이 되지 않는 사람에게는 무관심해도 된다는 뜻이 되어버리지요.

칸트의 윤리법칙

너의 의지의 준칙이 항상 동시에 보편적 법칙 수립의 원리로서 타당할 수 있도록, 그렇게 행위하라. 《실천이성비판》

그 준칙이 보편적 법칙이 될 것을, 그 준칙을 통해 네가 동시에 의욕할 수 있는, 오직 그런 준칙에 따라서만 행위하라. 《윤리형이상학 정초》

마치 너의 행위의 준칙이 너의 의지에 의해 보편적 자연법칙이 되어야 하는 것처럼, 그렇게 행위하라. 《윤리형이상학 정초》

네가 너 자신의 인격에서나 다른 모든 사람의 인격에서 인간(성)을 항상 동시에 목적으로 대하고, 결코 한낱 수단으로 사용하지 않도록, 그렇게 행위하라. 《윤리형이상학 정초》

칸트는 그렇게 해서는 안 된다고 주장합니다. 사람이 목적 자체니까 누구에게든 늘 똑같이 대하라는 겁니다. 그것이 곧 무조건적인 명령, 즉 '정언명령(定言命令)'이라는 거예요.

김갑수 그러니까, 칸트는 순수이성을 통해 선을 판단하고 그 선을 실천하는 실천이성이 있는데, 그 실천이성에 의한 명령을 바로 정언명령이라고 부른 거군요.
정언명령은 목적과 대가를 바라지 않고 오로지 내면의 순수이성이 선하다고 판단한 보편적 가치를 실천하라고 촉구하는 것이고, 반면에 보편적인 선을 넘어서 행동을 통해 얻는 대가, 즉 윤리 자체가 목적이 아닌 그 이외의 의도를 가지고, 조건에 따라 실천하는 행위는 '가언명령(假言命令)'에 따른 것이라고 보면 되겠군요.

백종현 그렇다고 하겠습니다.

김갑수 칸트가 말했듯이 인간이 정언명령에 따라 행동해야 한다면, 모순적인 상황도 벌어질 수 있겠군요. 칸트가 직접 든 예입니다만, 내 집에 어떤 사람이 쫓겨와서 숨겨달라고 해서 그렇게 했습니다. 그러자, 살인자가 곧바로 뒤쫓아와서 내가 숨겨준 사람을 찾을 때 정언명령을 따르면 나는 내가 숨겨준 사람이 집에 있다고 말해야 하지 않습니까?

백종현 제가 아주 도발적인 질문을 하나 하겠습니다. 몸을 파는 것이 왜 나

뽑니까? 지식이 있는 사람은 지식을 팔아서 먹고살고, 재주가 있는 사람은 재주를 팔아서 먹고사는데, 가진 것이라고는 몸밖에 없는 사람은 몸을 팔아서 먹고삽니다. 그런데 그것이 왜 나쁩니까? 칸트 도덕률에 따르면, 내 몸을 이익 획득의 도구로 사용하기 때문에 나쁘다는 겁니다. 나의 존엄성이 내 몸의 도구화로 인해 훼손된다고 보는 것이지요.

거짓말이 나쁜 것 또한 거짓말을 통해 내 인격을 훼손하는 대신에 이익을 취하는 것이기 때문입니다. 그런데 그 거짓말이 남을 위한 것일 경우에는 사정이 좀 다릅니다. 나에게는 '거짓말 하지 말라'는 의무와 함께 '남의 행복의 증진을 위해 노력하라'는 의무도 있기 때문입니다. 두 도덕적 명령이 충돌할 때, 그렇다면 어느 쪽의 명령에 따라야 하는가, 그것은 양심(Gewissen, conscientia)의 문제입니다. 이론적으로는 어느 하나의 명백한 답이 있어야 할 것 같지만, 현실적으로는 양심에 준거해서 상황에 따라 행위자가 선택할 수밖에 없겠지요.

김갑수 칸트가 200여 년 전에 제시한 도덕률이 어찌 보면 오늘날 더욱 절실하게 요청된다는 생각이 듭니다. 우리 사회 병폐 가운데 하나가 학연, 지연을 동원하는 현상이 아니겠습니까? 심지어 인맥을 쌓게 하겠다고 어린 자녀를 귀족 학교에 보내는 부모도 부쩍 늘었다고 합니다. 이런 현상에는 인간관계에서 오로지 이익을 추구하겠다는 생각, 인간을 도구로 삼겠다는 의도가 노골적으로 드러나지 않습니까? 칸트 철학이 오늘날 우리에게 어떤 의미가 있고, 그의 도덕관이 우리에게 전하는 메시지는 무엇인지 들려주셨으면 합니다.

백종현 인간해방의 기치 아래 다중(多衆)의 사람들이 자유의 가치를 추구할 때, 그 자유의 주체는 '개인'이었고, 그 개인은 일차적으로 '몸'으로 표현되었습니다. 감옥에 갇혀 있는 몸, 추위와 허기에 떨고 있는 몸, 노동의 질곡에 구속되어 있는 몸의 해방이 자유 염원의 일차 표적이었지요. 그러니까, 인간은 일차적으로 '신체적 존재자'이고, 감정적·감각적 존재자이며, 자연이 그에게 준 선물인 '이성'은 그의 욕구를 실현하는 수단과 방법을 강구해주는 지혜로운 종이어야 하는 것이 마땅했습니다. 이러한 사조에서 법칙수립적 이성의 개념은 날로 퇴석하고, 도구적 이성의 개념이 확산되었다고 봅니다.

이제 도구로 받아들여진 이성은 자신의 유용성을 인정받기 위해 자기가 다루는 모든 사물을 유용성의 척도에 따라 취사선택하는 능력을 발휘합니다. 인간 행위에서 유용한 이성의 소임은 그 욕구하는 바를 실현하는 데 유용한 수단과 방법들을 찾아내는 일이지요. 그래서 이성이 도구적으로 사용될 때, 모든 것 또한 그 유용성에 따라 평가받고, 그로써 모든 것이 도구화합니다. 그리고 유용성이 가치의 최고의 척도인 마당에서는 어떤 것이 욕구의 실현에 유용하기만 하면 그것은 좋은 것이 됩니다. 그래서 욕구 실현에 가장 유용한 수단을 찾는 일은 매우 합리적인 것으로 평가되지요. 이러한 판국에서는 '합리성(合理性)'이란 '이성에 부합함'이라기보다는 '이익에 적합함'으로 납득됩니다. 이치를 세우는 이성이 더는 승인되지 않는 곳에서 이치는 감성적 욕구에 합당함 이상을 의미하지 않으니까요.

'이성 없는' 합리성이란 실은 '이익에 적합함' 또는 '너의 이익과 나의 이익이 서로 부합함'을 뜻하는 것으로, 이해관계가 서로 잘 맞아떨어지게 일을 처리하면 합리적으로 일을 수행하는 것으로 간주됩니다. 이성이 없는 곳에서 합리성의 최종 준거는 다름 아닌 유용성입니다. 그래서 이제 '합리성(合理性)'이란 곧 '합리성(合利性)'을 뜻합니다.

도구적 이성은 이제 주체적이지도 자율적이지도 못하고, 자연적 욕구에 따라 행동하는 인간 또한 자신의 자연적인 감성적 욕구 충족의 수단이 되고, 나아가 인간 모두가 욕구 충족의 장에서 서로 수단이 될 겁니다. 수단은 언제나 그 유용성에서 가치를 얻는 것인 만큼, 도구적 이성 앞에서는 인간도 오로지 그 유용성에서 가치를 얻을 뿐일 겁니다. 이런 마당에 인간의 존엄성은 무엇에 기대어 설명될 수 있을까요?

'인간은 그 자체로 가치를 갖는다'는, 그러니까 인간은 목적적 존재라는 규정 말고, 인간의 존엄성을 근거 짓는 것이 달리 있을까요? 바로 이것이 인간의 이성에게 입법자적 지위를 부여하지 않을 수 없는 이유이고, 칸트 철학은 우리에게 이 점을 명심하라고 역설하고 있습니다.

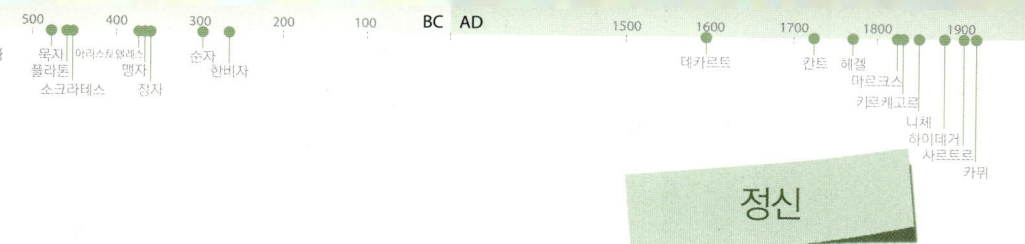

정신

세계정신을 말하다, 헤겔

| 이동희 |

"오늘날 헤겔의 철학은 거대 담론으로 비판받고 있습니다. 그리고 그의 유럽 중심주의적 역사관과 세계관도 비판받고 있습니다. 그럼에도, 헤겔 철학은 오늘날에도 끊임없이 논의되고, 새롭게 영감을 불러일으키고, 새로운 철학 개념으로 발전하고 있습니다. 예를 들어 자유주의 시각의 해석이기는 하지만, 후쿠야마에게서 볼 수 있는 것처럼 헤겔의 역사 해석은 아직도 많은 영감과 자극을 주고 있습니다. 그리고 헤겔이 주인과 노예의 변증법에서 보여 주었던 '인정(認定, Anerkennung)' 개념은 캐나다 맥길대학의 찰스 테일러나 현재 프랑크푸르트학파를 대표하는 악셀 호네트 같은 현대의 철학자들에게 결정적인 영향을 미쳤습니다.

오늘날 우리가 헤겔 철학을 비판할 수는 있겠지만, 헤겔을 무시하기는 어려울 겁니다. 그 까닭은 헤겔 철학이 인간과 역사, 그리고 공동체와 자연에 대해 누구보다도 깊은 통찰과 폭넓은 시야를 제공하기 때문이겠죠."

이동희

한국학중앙연구원 고전학 연구소 선임연구원.
한신대학교 철학과 졸업, 동대학원 석사, 독일 하이델베르크대학교 철학박사, 서울대학교 철학과 포스트 닥터.
한신대학교 학술원 연구교수, 한국학중앙연구원 연구기획실장 역임.
주요 저서 : 《헤겔과 자연》, 《변증법과 해석학의 대화》, 《세상에서 가장 흥미로운 철학이야기》

헤겔은 누구인가

김갑수   우리는 흔히 헤겔을 거대한 산과 같은 존재라고 말합니다. '헤겔'이라는 산에는 없는 종류의 나무가 없죠. 실제로 근대 철학의 주류였던 인식론, 존재론뿐만 아니라, 역사철학, 논리학, 윤리학 등 그가 사유하지 않은 분야가 없는 듯싶습니다. 특히, '세계정신이 역사의 흐름을 이끌어간다, 이성이 역사를 지배한다, 따라서 세계사는 이성적으로 진행한다'는 헤겔의 신념은 오늘날에도 자주 논의의 대상이 되곤 합니다. 역사를 지배하는 이성의 힘은 과연 어떤 것인지, 이동희 박사님의 설명을 들어보도록 하겠습니다. 이 박사님은 그리스·로마 신화에 관한 번역서도 내셨는데 그리스를 자주 방문하신다죠?

이동희   제가 그리스를 여행하고, 그리스·로마 신화를 번역하게 된 계기도 사실은 헤겔 때문이었습니다. 헤겔은 《역사철학강의》에서 세계사는 동쪽에서 서쪽으로 발전해간다고 언급한 적이 있습니다. 헤겔의 이 말은, 적어도 서양정신사에 국한해 보면 맞는 말입니다. 지금의 터키 지역인 소아시아에서 발원한 철학이 그리스, 로마, 영국, 프랑스, 독일로 발전해가기 때문이죠. 저는 서양철학의 발원지인 그리스에서부터 서양 정신의 흐름을 추적해보고 싶은 생각이 있었습니다. 게다가 저는 동양인이니까, 동양인의 관점에서 서구 정신문화를 직접 답사하고, 제 식으로 해석해보고자 했죠. 그런 과정에서 그리스 이오니아 지역을 답사하고 나서 책을 펴내기도 했고, 그리스·로마 신화도 번역하게 된 겁니다.

김갑수   헤겔과는 어떻게 처음 만나게 되었습니까?

이동희   저는 80년대에 대학에 다닌 세대입니다. 당시에 마르크스를 읽는다는 것은 매우 위험한 일이었죠. 불온사상이라 책을 소지만 해도 경찰에 잡혀가던 시절이었으니까요. 그런데 마르크스를 이해하려면 반드시 헤겔을 알아야 할 필요가 있었어요. 사실, 당시에는 마르크스의 원전을 접하기도 어려웠고, 번역서도 없는 상태였습니다. 그래서 마르크스로 향하는 출발점으로 헤겔을 읽기 시작했습니다. 저 말고도 많은 사람이 그렇게 헤겔의 저서를 읽었던 것으로 기억합니다.

김갑수   사상사에서 헤겔은 거대한 산과 같은 존재여서 몇 마디로 소개하기는 어렵겠지만, 그래도 연구자로서 수십 년을 지내오셨으니 비전공자들에게 헤겔이 과연 어떤 사람인지 간략하게 소개해주셨으면 좋겠습니다.

이동희   헤겔을 간략하게 소개하는 일 자체가 간단하지 않습니다. 우선, 헤겔은 철저한 이성주의자이고 합리주의자라고 생각합니다. 헤겔은 철저하게 그런 시각으로 역사와 세계를 바라보았습니다. 심지어 자연까지도 그렇게 보았죠. 그런데 헤겔이 역사와 세계를 이성적이고 합리적으로 해석하게 된 까닭은 자유에 대한 열망 때문이었다고 생각합니다. 헤겔이 자유를 열망하고 그것을 철학적 사유의 대상으로 삼았던 배경에는 프랑스 대혁명이 커다랗게 자리 잡고 있습니다.

김갑수   헤겔이 말하는 자유는 우리가 통상 이해하고 있는 자유와 같은 개념입니까?

이동희   네, 그렇게 이해하셔도 될 것 같습니다. 사실, 프랑스 혁명 이전에는 법적으로 인간을 자유로운 존재로 명시한 적이 없습니다. 신분의 차이를 당연하게 여기던 사회에서 인간이 자신의 주인이고, 누구도 침해할 수 없는 권리가 있으며, 스스로 운명을 결정할 수 있다는 것이 객관적으로 명시되고 법으로 정해진 계기가 바로 프랑스 혁명입니다. 그래서 헤겔은 그 사건을 아주 높게 평가해서 자기 철학의 핵심으로 삼았던 거죠.

김갑수   헤겔이 자유의 문제에 천착한 데에는 어떤 특별한 이유라도 있나요?

이동희   당시에 헤겔이 살았던 독일은 약 300개 정도의 작은 영지로 구성되어 있었고, 신분제가 아주 철저했습니다. 예를 들어 미국의 독립전쟁 시기에 영주가 농노들을 용병으로 팔아버리기도 했습니다. 그런 현상을 목격하면서 헤겔은 몹시 분노한 거죠. 그러면서 자유의 필요성을 절감하고, 이 문제를 철학적으로 사유해야겠다는 자각이 생겼

게오르크 헤겔

Georg Wilhelm Friedrich Hegel
(1770~1831)

뷔르템베르크 공국의 재무관 아들로 슈투트가르트에서 태어났다. 1788년 튀빙겐대학교 신학과에 입학하여 휠덜린, 셸링 등과 교우했다. 대학을 졸업하고 베른, 프랑크푸르트에서 가정교사를 하다가 1801년 예나대학교 강사가 되었다. 초기에는 셸링의 사상에 동조했으나 1807년 《정신현상학》을 출간하면서 독자적인 철학을 발전시켰다. 나폴레옹 군대의 침공으로 예나대학이 폐쇄되자 뉘른베르크의 김나지움 교장이 되었고, 《논리학》을 저술했다.

이후 하이델베르크대학 교수를 거쳐 베를린대학 교수가 되었고 《법철학》(1820)을 출간했다. 이 시기에 헤겔학파가 형성되었으며, 그의 철학은 국내외에 널리 알려졌다. 1831년 병으로 사망했다.

헤겔의 철학은 18세기 계몽사상의 이상주의적 한계를 극복하고 역사에 의미를 새롭게 부여했다. 그는 역사가 스스로 내재적인 법칙에 따라 필연적으로 진보한다고 보았다. 그는 또한 역사의 흐름을 세계정신이 스스로 의지를 실현해가는 과정으로 이해하는 관념론적, 형이상학적 성향을 드러냈다. 헤겔은 논리학, 자연철학, 정신철학을 아우르는 방대한 철학체계를 수립했는데 이 체계를 일관하는 방법이 변증법이었다. 그는 정신이야말로 절대자이며, 자연은 절대자가 자신을 드러낸 형태로 보았다. 그의 철학은 관념적인 성격 때문에 비판받기도 했지만, 역사에 대한 새로운 이해를 제시했으며 변증법적 사고를 통해 후세에 지대한 영향을 미쳤다.

던 겁니다. 헤겔만 그랬던 것이 아니라, 같은 시대를 살았던 베토벤이나 괴테 같은 사람도 프랑스 대혁명과 시민의 자유에 대해 공감했죠. 한 가지 일화를 소개하자면, 당시에 나폴레옹이 독일을 침략했을 때 이 세 사람 모두 자기 나라에 쳐들어온 침략자를 환영했어요. 왜냐면 나폴레옹이 프랑스 혁명의 결과로 성립된 근대 시민법을 들고 왔기 때문이죠. 나폴레옹 덕분에 독일에서 봉건영주 계급이 붕괴되고 근대 시민사회가 성립되리라고 기대했던 거죠. 그래서 잘 아시다시피 베토벤은 〈영웅교향곡〉을 작곡해서 나폴레옹에게 헌정하지 않았습니까? 물론, 나중에 나폴레옹이 황제에 등위하고, 왕정으로 돌아가면서 실망해서 등을 돌리긴 했지만, 이것은 자유에 대한 당시 지식인들의 열망을 잘 보여주는 사례입니다. 여기서 자유가 헤겔 철학에서 핵심적인 주제로 자리 잡게 된 배경을 엿볼 수 있죠.

김갑수 헤겔 철학의 중요한 주제인 주인과 노예의 관계는 정신적인 맥락에서 자주 논의되지만, 당시에는 아주 현실적인 문제였다는 점도 기억해둬야 할 것 같군요.

헤겔이 다녔던 튀빙겐대학은 중세적인 관습과 교수법을 그대로 유지한 일종의 수도원 같은 학교였다고 하더군요. 신학생들은 단정한 옷차림으로 기도하고, 공동으로 식사하고, 강의에 참석해야 했다죠. 흡연과 음주도 금지되었는데 만약 이 규칙을 어기면 학생감옥에 갇히기도 했답니다. 그런데 헤겔은 이런 규칙을 자주 어겼다고 하더군요. 수업보다는 철학 모임을 더 좋아했고, 형이상학보다는 정치적 사건과 현실에 훨씬 더 관심이 많았다고 합니다. 그래서인지, 헤겔이 학창시절에는 그리 뛰어난 학생이 아니었다고 하던데, 그 말이 사실입니까?

이동희 　잘못 알려진 거죠. 학창시절에 헤겔은 아주 총명한 학생이었습니다. 그런데 헤겔과 동기였던 셸링이 워낙 조숙한 천재로 알려져서 헤겔이 가려졌던 것뿐이죠. 셸링은 칸트와 피히테를 계승한 독일 관념론의 대표적인 철학자 가운데 한 사람입니다. 그가 어렸을 적 학교 선생님이 더 가르칠 것이 없다면서 집으로 돌려보냈다는 유명한 일화가 있어요. 그래서 아버지가 당국에 청원한 끝에 셸링은 열다섯 살이라는 어린 나이로 튀빙겐대학교 신학과에 들어갔어요. 동급생이었던 헤겔보다 나이가 어렸죠. 셸링은 헤겔, 횔덜린과 기숙사에서 같은 방을 쓰면서 토론도 자주 했는데, 나이가 위인 헤겔이 오히려 셸링에게 배우는 형국이 되었습니다. 셸링은 열아홉 살에 철학 저술을 낼 정도로 워낙 조숙한 천재였죠. 그에 반해 헤겔은 대기만성형이었습니다. 그러나 사실 헤겔도 천재적인 철학자였습니다.

F. von Schelling,
1772~1854

J. Fichte,
1762~1814

F. Hölderlin,
1770~1843

김갑수   헤겔의 생애에 관해 궁금한 점이 한 가지 있는데, 헤겔이 콜레라에 걸려서 죽었다는 이야기는 정설입니까?

이동희   헤겔의 죽음이 콜레라 때문이라는 설이 가장 널리 알려졌죠. 그러나 이와 다른 설도 있습니다. 이중 유력한 것이 콜레라가 아니라 지병인 위장병으로 죽었다는 주장입니다. 거기에 관련된 일화가 있어요. 대학에서 헤겔의 강의는 어렵기로 소문이 났습니다. 그래서 소위 '복습 강의'라고 해서 헤겔의 제자들이 스승의 철학을 강의했습니다. 그런데 헤겔보다 헤겔 강의를 훨씬 더 잘하는 제자가 있었습니다. 에두아르트 간스(E. Gans)라는 사람인데, 그는 헤겔의 《역사철학강의》도 편찬한 헤겔의 수제자였죠. 학생들은 어려운 헤겔 강의보다 알아듣기 쉬운 간스의 강의에 더 많이 모여들었어요. 스승인 헤겔은 당연히 기분이 좋지 않았겠죠. 간스도 마음이 불편했던 모양입니다. 그래서 어느 날 헤겔에게 가서 강의를 들으라고 학생들에게 고지를 했던 모양입니다. 헤겔은 그 소식을 듣고 자존심이 무척 상했다고 합니다. 그런 일에 충격을 받고 지병인 위장병이 악화되어서 죽었다는 주장이 있어요.

독일 관념론자들

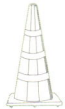

김갑수   지금 말씀하신 대로 헤겔은 젊은 시절부터 대단한 인물들과 교류했는데, 칸트나 피히테 같은 주류 철학자들과는 어떤 관계에 있었는지 궁금합니다.

이동희   근대철학이 성립되는 과정에서 흔히 유럽 대륙의 합리론과 영국의 경험론을 이야기하지 않습니까? 합리론의 핵심은 데카르트가 그랬듯이 이성적으로 명석하게 판명한 것을 진리의 신조로 삼아서 필연적인 추론과정을 거쳐 진리에 도달할 수 있다는 데 있잖아요. 신의 존재나 물체의 존재도 연역적으로 추론할 수 있다고 믿는 거죠. 반면에 경험론에서는 감각과 경험을 중시하는 귀납법을 선호하고, 실제적이고 일반적인 앎을 지향하며, 필연적이고 보편적인 진리에 대해 회의하는 경향을 보입니다. 이런 합리론과 경험론의 대립을 넘어서려고 한 사람이 바로 칸트였습니다. 칸트는 인간의 인식이 경험

없이는 시작될 수 없다는 경험론의 주장을 인정하면서도 인식이 성립할 수 있는 근거를 합리주의적 사고에서 찾았죠. 칸트는 경험론과 대륙의 합리론을 종합해 새로운 철학의 장을 열었지만, 현상과 물(物) 자체라는 이원론적인 문제 등을 남겼습니다. 칸트 이후의 철학자들은 그가 남긴 문제들을 해결하려고 노력했는데, 그런 사람 가운데 하나가 바로 피히테입니다. 피히테는 칸트에게 영향을 받고 스스로 칸트 철학을 가장 잘 해석한 사람으로 자처했어요.

가난한 청년이었던 피히테는 〈모든 계시에 대한 비판 시도〉라는 논문을 칸트에게 가져갔는데, 칸트는 좋은 인상을 받고 출판업자를 구하는 데 도움을 주었죠. 그런데 책의 초판에서 우연히 피히테의 이름과 서문이 빠진 채 출간되었습니다. 출간되자마자 그 책을 읽은 사람들은 그것을 칸트의 저작으로 착각했습니다. 그래서 나중에 칸트가 잘못을 바로잡으면서 사람들에게 이 책을 추천했죠. 이 사건을 계기로 피히테의 이름이 널리 알려졌습니다. 피히테는 몹시 가난한 학생이었는데 이 책으로 유명해지고 나중에 교수도 되었죠.

김갑수 피히테는 칸트의 철학을 어떻게 수용했고, 헤겔이나 셸링, 횔덜린 같은 당시의 젊은 철학자들에게 어떤 영향을 미쳤나요?

이동희 피히테는 칸트가 남겼던 문제를 주관적 관념론에 의지해서 풀었습니다. 앞서 말씀드렸듯이 칸트의 사유에는 세계와 그 세계를 의식하는 의식 사이에 괴리가 있는데, 피히테는 자아와 비(非)자아 개념을 설정하고, 세계를 자아가 만든 비아(非我)로 이해해서 그 문제를 해결하려고 노력했죠. 다시 말해 현상계와 물 자체라는 칸트의 이원론을 넘어서 절대적 자아(自我)라는 것을 상정해서 통일적인 체계를 만들려고 했던 거예요. 그런 점에서 피히테를 '주관적 관념론자'라고 부르기도 합니다.

그런데 이 피히테가 셸링과 헤겔에게 직접적으로 영향을 줍니다. 피히테가 튀빙겐대학에서 강연할 때 학생 중에는 헤겔과 셸링도 있었습니다. 피히테 역시 프랑스 혁명에 매우 공감했고, 그것을 자기 철학의 주제로 삼았죠. 튀빙겐대학은 프랑스 국경 근처에 있기 때문에 당시에 프랑스에서 오는 소식을 가장 먼저 접했던 곳이기도 합니다. 그리고 학생 중에는 프랑스 혁명 이념에 동조해서 프랑스로 건너가 시민권을 얻고, 혁명정부 관료를 지낸 사람도 있었죠.

피히테가 튀빙겐에 와서 강연할 때 가장 고무된 사람 중 하나가 셸링이었습니다. 그래서 셸링과 피히테는 서로 편지도 주고받고 자주 교류하면서 함께 새로운 철학 작업을 시도한 적도 있어요. 그러다 보니 두 사람은 서로 같은 철학을 한다고 생각하고 있었습니다. 그러나 실제로 두 사람의 사유에는 커다란 차이가 있었죠. 그것을 짚어낸 사람이 바로 헤겔이었습니다. 셸링은 객관적인 자연의 문제에 더 관심이 있었고, 피히테는 자아나 정신의 문제에 더 관심이 있었기 때문입니다. 헤겔이 최초로 출간한 책이 바로 〈피히테와 셸링 철학 체계의 차이〉라는 논문이에요. 이런 흐름을 보면, 칸트, 피히테, 셸링이 헤겔에게 상당한 영향을 주었고 헤겔도 당시의 지적 흐름과 문제의식을 공유하고 있었다고 할 수 있죠.

김갑수   철학사에서 기라성 같은 사람들이 같은 대학에서 만나 토론하고, 술도 마시고, 다투기도 하고, 편지도 주고받았던 거군요. 그런데 그중에서도 유독 헤겔이 철학사에서 우뚝한 이유는 무엇입니까?

이동희   횔덜린은 대학을 졸업하고 1796년 프랑크푸르트의 어느 은행가 집에서 가정교사가 되었는데, '주제테'라는 그 은행가의 부인과 사랑에 빠집니다. 그러면서 작품 활동도 활기를 띠어서 그 여인은 그의 시에도 여러 차례 등장하죠. 하지만 이루어지기 어려운 사랑을 나눈 지 3년 만에 두 사람은 헤어지고, 횔덜린은 슬픔을 견디지 못해 유럽의 여러 도시를 전전합니다. 그러면서 심한 정신착란 증세를 겪다가 튀빙겐으로 돌아와 무려 36년 동안이나 고통스럽게 살다가 죽었습니다. 횔덜린이 남긴 시는 지금도 독일철학에 아주 큰 영향을 미치고 있어요. 하이데거는 말년에 횔덜린의 시만을 대상으로 삼아서 철학적 작업을 한 적이 있을 정도로 그의 작품에는 깊은 철학적 성찰이 들어 있죠. 횔덜린은 헤겔에게도 상당한 영향을 미쳤어요.

조숙한 천재였던 셸링은 피히테의 주관적 철학을 넘어서 자연철학을 정립했어요. 또한 셸링은 자연과 정신, 주체와 객체, 이상적인 것과 현실적인 것 사이의 대립을 통일하는 동일철학(Identitätsphilosophie)을 내세우기도 하죠. 셸링의 이런 기획 역시 헤겔의 철학에 상당한 영향을 미칩니다. 사실, 헤겔은 셸링을 비판하면서도 자신의 철학을 가다듬어갔다고 할 수 있어요. 헤겔이 꾸준하게 철학의 여러 문제를 소화해서 자신의 철학체계를 구성하기 위해 노력했다면, 셸링은 어떤 문제가 있으면 그것에 대해 신속하게 사고하고 그것을 책으로 펴내는 스타일이었습니다. 그러다 보니 사고의 변화가 아주 심했죠. 반면에 헤겔은 젊었을 때부터 거대한 철학체계를 구상하고 그것을 끝까지 완성해서 거대한 산을 이루었습니다. 예를 들어 헤겔은 정신과 자연의 자기동일적인 존재로서의 절대자라는 개념을 셸링 철학에서 영향을 받아 사용하지만, 그것을 자기 방식으로 철학화하죠. 다시 말해 절대자를 자연과 역사 속에서 자기를 실현해가는 존재로 설정하고, 그에 따라 이념, 자연, 정신 등의 철학체계를 구성했어요. 이처럼, 헤겔은 횔덜린이나 셸링 등의 사상을 모두 흡수해서 자신의 철학을 하나의 거대한 체계로 완성했기에 역사적으로도 그 중요성을 평가받는 것 같습니다.

헤겔 변증법

김갑수   헤겔을 거대한 산과 같은 존재라고 했습니다만, 그 산에 오르려면 올바른 등산로를 선택해야 하지 않겠습니까? 헤겔을 이해하려면 어디서부터 출발해야 중간에 길을 잃지 않고 정상에 도달할 수 있을까요?

이동희   처음 헤겔을 읽을 때 그의 주저(主著)부터 시작하신 분들이 좌절하는 모습을 종종 목격했습니다. 몹시 어렵거든요. 처음부터 헤겔의 《정신현상학》이나 《논리학》을 읽으면 대부분 중도에서 포기합니다. 그래서 헤겔의 철학을 좀 더 쉽게 접근하려면 《역사철학강의》 같은 책부터 읽는 것이 좋다고 생각합니다. 왜냐면 헤겔은 《역사철학강의》를 통해 자신이 하고자 하는 이야기를 쉽고 분명하게 표현했기 때문입니다. 헤겔은 그 책에서 이전의 역사를 이성적으로 전개되어온 것으로 해석하는데, 꽤 흥미롭기도 하고, 헤겔 철학의 정신을 잘 보여줍니다. 이렇게 헤겔의 《역사철학강의》를 읽다 보면 자기도 모르는 사이에 그의 철학을 나름대로 이해하게 되리라 믿습니다.

김갑수 헤겔의 논리학은 아리스토텔레스식의 형식논리학과 다른 것으로 알고 있습니다. 형식논리학에서는 사실의 내용과는 무관하게 오로지 사고의 방식의 일관성에만 주목하지 않습니까? 헤겔은 논리학을 존재의 논리학, 본질의 논리학, 개념의 논리학으로 구분했다죠? 그리고 개념의 논리학을 '주관적 논리학'이라고 부르고, 존재의 논리학과 본질의 논리학을 '객관적 논리학'이라고 불렀다는데, 바로 이 객관적 논리학이 그가 지향하는 '세계에 관한 학문적 건축물'을 말하는 것이 아니었나 싶습니다. 이런 사상적 건축물을 구축하는 기술이 헤겔의 변증법이라고 들었는데, 그 성격이 어떤 것인지 설명해주셨으면 합니다.

이동희 헤겔은 변증법을 정(正) 반(反) 합(合)으로 이야기한 적이 한 번도 없습니다. 변증법에 대한 헤겔의 생각은 《정신현상학》의 서설을 보면 잘 알 수 있습니다. 정반합의 변증법은 피히테가 말한 것인데, 헤겔은 이러한 변증법을 '도식적인 삼원론'이라고 비판했습니다. 헤겔은 변증법을 살아 있는 현실의 운동하는 원리 자체로 보았습니다. 예를 들어보죠. 내가 오늘 애인과 만났습니다. 나는 맥주를 마시고 싶은데, 애인은 영화관에 가자고 합니다. 그럴 때 테제(these)는 맥주를 마시는 것이고, 안티테제(anti-these)는 영화관에 가는 것이죠. 그럼, 이 둘의 종합은 뭐겠습니까? 영화관에서 맥주를 마시는 것으로 생각하겠죠. 그러나 이런 논리는 변증법과 전혀 상관이 없습니다. 왜

나면, 안티테제는 모순적으로 테제에 의해서 도출되어야 하기 때문이죠. 변증법은 모순 관계입니다. 그런데 앞에서 제가 든 사례는 모순이 아니라 반대 관계입니다. 모순은 둘이 서로 양립할 수 없는 관계 아니겠습니까? 예를 들어 낮이 있으면 밤이 있을 수 없죠. 둘 사이에 중간항이 있을 수 없잖아요. 살아 있거나 죽었거나 둘 중 하나지, 산 것도 아니고 죽은 것도 아닌 상태는 있을 수 없죠. 그러니까, 생(生)이 있다면 자동으로 반대 개념인 사(死)가 있죠. 그런데 변증법은 모순되는 두 가지가 양립할 수 있다고 보는 거예요. 논리학에서 볼 때 이런 모순 관계는 이해하기 어렵죠. 사실 '생'이라는 개념은 '사'라는 개념이 있기에 성립될 수 있는 겁니다. 생과 사는 서로 모순 관계이지만, 둘은 서로 존립할 수 있게 하는 기반이기도 합니다. 자, 헤겔이 설명하는 변증법을 다른 예로 설명해보죠. 헤겔은 꽃을 예로 듭니다. 꽃과 열매는 서로 배타적이죠. 꽃이 피었다가 열매가 맺히면 꽃은 사라질 수밖에 없어요. 이 둘만 놓고 보면 서로 배타적이고 양립할 수 없죠. 그러나 둘의 상위개념인 '식물'의 관점에서 보면 식물의 삶은 이 둘을 모두 포함합니다. 낮과 밤이 서로 양립할 수 없지만 '하루'라는 관점에서 보면 둘은 하루를 구성하는 요소가 되지 않습니까? 이것이 신테제(synthese), 즉 종합의 의미입니다.

김갑수 헤겔이 변증법을 통해서 밝히고 싶었던 것도 결국 역사가 진보한다는 사실이 아니었겠습니까?

이동희 맞습니다. 헤겔은 역사의 발전을 자유의식의 진보로 정의했습니다.

구체적으로 헤겔은 이렇게 말합니다. '세계사의 시초에는 한 사람의 자유가 있었다. 그것이 그리스·로마 시대에 와서 몇 사람의 자유로 바뀌고, 프랑스 혁명을 거치면서 만인의 자유로 바뀌었다.' 그렇게 헤겔은 역사적으로 일어난 수많은 전쟁과 사건을, 인간이 자유를 쟁취하는 과정으로 설명합니다.

세계정신

헤겔은 거대한 철학체계를 통해 역사와 자연을 포함해 삼라만상이 어떠한 방향으로 진행되는지를 그려놓았다.
한마디로 말하면, 그것은 정신의 자기 인식이자 자기 회복 과정이다. 자연이나 역사는 정신에 의해 산출된 것이다. 그러나 정신은 자연과 역사에서 자신이 주인인 줄 모르고 소외되어 있다. 헤겔은 정신이 자연과 세계 속에서 자기 자신이 주인이라는 것을 인식하고, 그러한 세계를 되찾아가는 과정을 세계사라고 본다.

이등희, 《세상에서 가장 흥미로운 철학 이야기, 근현대편》 중에서

국가와 자유, 정신

김갑수   헤겔이 역사 발전을 자유의 확장으로 보았을 때 그 자유의 개념을 이해하는 일이 중요하다고 봅니다. 예컨대, 정해진 규칙을 따르지 않겠다는 의지의 행사도 자유라고 부를 수 있느냐는 거죠.

이동희   자유를 크게 두 가지로 나눠볼 수 있을 것 같습니다. 소극적 자유는 어떤 구속에서 해방되거나, 자기 마음대로 행동하는 것을 뜻하겠죠. 반면에 적극적 자유는 자기 의지를 실현하는 것을 말합니다. 그래서 그 의지의 표현으로 실현된 현실과 직접적인 관련이 있는 것을 말합니다. 헤겔이 말한 자유는 후자에 속한다고 볼 수 있겠죠. 예를 하나 들어보죠. 만약 내가 스스로 나 자신을 구속하는 어떤 규칙에 동의하고 그 규칙을 어겼을 때 제재를 받는다는 조건에 합의했다면, 그것은 나의 자유를 제한하는 행동입니까, 아니면 확대하는 행동입니까? 헤겔은 후자라고 말합니다. 왜냐면 내 의지가 그렇게 선택했고,

　　　　　제재는 그 의지를 실현하는 것이니까요. 내 의지가 실현되어서 규칙이 정해졌고, 그 법에 따라 내가 제재를 받는 것을 헤겔은 자유의 제한으로 여기지 않았습니다. 사실, 이런 사고는 헤겔보다는 사회계약설을 이야기했던 루소에서 비롯했다고 봐야겠죠.

김갑수　그렇다면, 헤겔이 말한 개인의 자유의지와 국가와의 관계는 어떻게 설정되는지 궁금하군요. 대체로 국가는 개인의 의지를 억압하는 지배권력으로 이해되지 않습니까?

이동희　참 어려운 문제입니다만, 헤겔은 개인의 자유와 국가의 이해관계가 완벽하게 일치하는 사회를 이상적인 것으로 생각했죠. 개인의 자유가 완벽하게 실현된 현실태(現實態)가 바로 국가여야 한다는 것인데, 사실상 이런 국가는 현실에서 찾아볼 수 없죠.

김갑수　헤겔이 살았던 시대는 지금과 같은 국민국가가 막 태동하던 시기였으니 그만큼 신선하게 느껴졌고, 기대도 컸겠군요.

이동희　그렇죠. 헤겔은 그런 격변기에 미래의 국가상을 철학적으로 사유하면서 고대 그리스 페리클레스* 시대의 아테네를 전범으로 삼았습니다. 짧은 기간이긴 했지만, 당시에 아테네에서는 직접민주주의가 구현되었고, 시민과 국가의 이해관계가 일치했죠. 물론, 헤겔은 이 전범을 비판적인 시선으로 바라봅니다. 노예제를 바탕으로 이루어진 자유이기에 한계가 있다는 거죠. 그렇다면, 노예제가 사라진 근대국가에서 만인의 자유를 보장하고, 개인과 국가의 이해관계가 일치하는 사회를 어떻게 만들 것이냐. 헤겔은 이 어려운 과제를 해결하려고 노력했던 겁니다. 헤겔이 《법철학》을 쓰게 된 계기도 거기에 있었습니다.

게다가 당시에 코체부* 사건이 일어났습니다. 1819년 3월, 카를 잔트(Karl L. Sand)라는 대학생이 만하임에서 코체부를 단도로 찔러 죽인 사건이죠. 코체부는 메테르니히 체제 반동세력의 대표적인 작가였는데 러시아의 간첩으로 의심받았습니다. 민족주의 학생회 조직의 일원이었던 잔트는 코체부를 국가 반역자로 간주하고 그의 집을 방문해서 단도로 가슴을 수차례 찔러 살해했습니다.

이 사건을 두고 베를린대학에서 논쟁이 벌어집니다. 신학 교수 등 잔트를 옹호하는 사람들은 '양심은 처벌할 수 없다'는 논리를 내세웠죠. 그러나 헤겔은 그런 주장을 비판합니다. 양심이 그렇게 주관적이고, 객관적 현실을 고려하지 않는다면 어떻게 공정한 판단을 내리겠느냐는 거죠. 그래서 헤겔은 '인륜'이라는 개념을 제시합니다. 이 개념은 개인의 독자적 자유뿐만 아니라, 공동체 안에서의 책임까지도 포함합니다. 이처럼, 헤겔은 개인의 양심을 긍정하지만, 그 양심

---

* Perikles(BC 495?~BC 429): 고대 아테네의 정치가. 평의회·민중재판소·민회에 실권을 부여하는 법안을 제출해 민주정치의 기초를 마련했다. 외교상으로는 강국과 평화를 유지했고 델로스동맹의 지배를 강화했다. 페리클레스의 시대는 아테네의 최성기였다.

* August F. von Kotzebue(1761~1819): 바이마르 출생. 1780년 바이마르에서 변호사로 일하면서 여러 차례 러시아를 왕래했다. 빈·바이마르의 각 극장 전속작가와 페테르부르크의 극장 지배인, 궁정 고문을 지냈다. 1807년에 반(反)나폴레옹 잡지를 발간하기도 하고, 1817년 이후에는 러시아의 문화 사절로서 독일 각지에 체재하였다. 독일의 급진파로부터 러시아의 간첩으로 몰려 만하임의 학생 잔트에 의해 살해되었다.

이 어떻게 공동체의 현실과 관계를 맺으며 작동하게 할 것인가를 고민하면서 《법철학》을 썼죠. 다시 말해 근대국가의 태동기에 개인과 국가 공동체의 관계에 대해 고민한 거죠.

김갑수 그렇다면, 결론적으로 헤겔은 개인보다는 국가를 더 중요시했다고 봐도 되는 겁니까?

이동희 그런 것은 아닙니다. '국가'라는 것이 각각의 개인과 무관하게 그 자체로서 하나의 실체가 될 수 있다고는 상상할 수 없죠. 그래서 헤겔은 《법철학》에서 가족이나 시민사회를 개념적으로 분석합니다. 시

국가와 개인

국가란 인륜적 이념의 현실태이다. 거기에서는 인륜적 정신이 명명백백하고 명석한 실체적 의지로 나타나고 스스로 사유하고 인식하며 또한 이렇게 인식하는 것을 인식하는 한에서만 그 자신을 성취한다. 국가는 습속을 통해 간접적으로 모습을 드러내지만, 다른 한편으로 개개인의 자기의식은 그의 마음가짐을 통해 자기활동의 본질이며 목적이며 성과로서의 국가 안에서 그의 실체적 자유를 지닌다.

주해. 가신(家神, Penates)은 집안을 다스리는 하급 신들이지만, 민족정신(여신 아테나)은 자기를 알고 의욕하는 신이다. 가족의 외경심은 심정 속에 깃들인, 심정적으로 처신하는 인륜성이지만 정치적 덕성이란 사유로 뒷받침된 절대적인 목적을 실현하려는 의지이다.

헤겔, 《법철학》 중에서

민사회가 개인의 이기적인 시민적 권리를 구현하는 틀이라고 본다면, 국가는 이보다 개인의 자유가 더 고양된 포괄적인 단계로 설정됩니다.

김갑수   그래서 헤겔의 국가관을 자칫 오해하기 쉬운데, 국가가 개인을 지배한다는 의미가 아니라, 국가 구성원의 자유의지를 대표한다는 뜻에서 이해해야겠군요.

이동희   그렇죠. 헤겔의 국가주의를 비판할 때 그의 주장을 오해하는 사례가 빈번합니다. 그리고 실제로 나치 독일 시절에 헤겔의 국가관을 전체주의적 주장으로 견강부회해서 이용한 적도 있었죠. 또 얼마 전에는 대표적인 자유주의자 가운데 한 사람으로 알려진 후쿠야마 교수가 〈역사의 종말(The End of History)〉이라는 논문을 발표하면서 사회주의와 자본주의의 경쟁에서

F. Fukuyama, 1952~

후자가 승리하고 자유민주주의 체계가 완성됨으로써 역사는 종결되었다는 결론을 내렸는데, 거기서도 헤겔의 역사철학적 주제를 이용해서 자유민주주의를 이론적으로 정당화했죠. 헤겔 철학이 워낙 방대하다 보니 파시스트든, 자유주의자든, 후세 사람들이 필요에 따라 자신의 이론적 배경으로 이용하는 사례가 빈번한 것 같습니다.

김갑수   헤겔은 쉴러의 〈체념〉이라는 시를 인용하면서 세계사는 '세계의 최

종 법정'이며, 세계사 자체를 구성하는 발전 상태에 대한 '최종 판결'이라고 했습니다. 이런 발언을 두고 어떤 사람은 헤겔이 역사적 비도덕성에도 일종의 위임장을 준 셈이 아니냐며 비판했죠. 역사를 결과에 따라 판단한다면, 역사에서 승자는 오로지 승리했다는 이유만으로 정당성을 확보할 수 있다는 생각을 옹호하는 결과를 낳는다는 거죠. 얼핏 보기에 일리가 있는 비판인 것 같습니다. 역사가 어떻게 흘러가는지, 가만히 팔짱만 끼고 바라보다가 나중에 그 결과를 판정하는 정도의 철학이라면 비판받을 수도 있겠죠.

그와 같은 맥락에서 헤겔이 '미네르바의 부엉이는 황혼에야 날개를 편다'고 했을 때에도 많은 사람이 비판을 쏟아냈습니다. 그렇다면, 철학은 사후약방문(死後藥方文)에 불과하냐는 것이죠. 이 말의 정확한 의미는 무엇입니까?

이동희   이 유명한 표현은 헤겔의 《법철학》 서문에 나옵니다. 미네르바는 로마 신화에서 주피터의 딸로 지혜를 상징하는 여신이잖아요. 그리고 부엉이는 미네르바가 자신의 상징으로 삼은 새죠. 여기서 미네르바의 부엉이는 바로 철학을 상징합니다.

헤겔은 《법철학》의 서문 마지막 부분에서 "철학이 회색에 회색을 칠한다면, 생의 형태는 낡은 것으로 되어 있을 뿐이고, 회색에 회색으로써는 생이 갱신될 수 없으며, 다만 인식될 뿐이다. 미네르바의 올빼미는 어둑어둑한 황혼에야 비로소 날개를 편다"라고 했습니다. 철학은 황혼 녘이 되어야 활동한다는 것인데 여기서 황혼은 역사의 황혼을 뜻합니다. 모든 것이 활발히 활동하는 낮이 끝나고, 밤으로

접어들 무렵에 지나간 과거에 어떠한 일이 일어났는지를 인식한다는 거죠. 그런 점에서 헤겔은 '과거의 철학자'라고 말할 수 있습니다. 이와 대조적으로 마르크스는 '미래의 철학자'라고 불리죠. 마르크스는 《헤겔 법철학 비판》에서 헤겔의 변증법을 비판하면서 풍자적으로 '미네르바의 올빼미' 대신 '갈리아의 수탉'을 내세우기도 했습니다. 수탉은 새벽을 알리는 동물이지 않습니까? 그러나 헤겔은 역사 속에서 현재의 의미와 미래의 의미를 찾으려고 했습니다. 헤겔은 역사가 혼란스럽고, 전쟁과 살육의 현장 같지만, 그 속에서 의미를 찾을 수 있고, 필연적인 역사의 전개 과정을 발견할 수 있다고 생각했습니다. 다시 말해 역사를 단순히 우연한 사건들의 총체만으로 이해하거나 인간의 열정이 우연히 만든 것으로 이해할 수는 없다는 겁니다. 그래서 헤겔은 역사를 우연히 발생한 사건들의 전개로 평가하지 않고, 지나간 역사가 보여주는 의미가 어떤 것인가를 새롭게 해석하고자 했던 거죠.

김갑수 결국, 헤겔의 관심사는 '자유'라는 이념이 국가라는 형태를 통해서 전개되는 양상에 있지 않겠습니까? 그래서 헤겔이 세계사를 이성, 곧 자유를 구현하는 과정으로 봐야 한다고 했을 때 세계사는 바로 국가의 역사라고 주장했죠. 왜냐면 헤겔은 역사라는 것을 인간의 정신이 자신을 둘러싼 환경의 변화에 대해 스스로 선택한 방식의 결과로 인식했으니까요.

이동희 그래서 《법철학》의 마지막 부분은 역사철학으로 이어집니다. 헤겔은 《법철학》에서 전개한 사고를 《역사철학강의》를 통해 입증하고자 한 셈이죠. 그래서 실제로 국가가 어떤 과정을 통해 발전해왔는지 살펴보니, 만인의 자유가 보장되는 형태로 진보했더라는 겁니다. 헤겔은 자유의 발전을 인식하는 것이 바로 철학의 과제라고 생각한 겁니다. 국가 형태가 어느 정도로 인간의 자유를 구현하고 있는가에 따라 역사 발전을 가늠하고자 했죠. 이러한 관점에서 헤겔은 동서양의 역사에 대한 이해를 거시적으로 체계화하고 완성한 사람이라고 볼 수 있습니다. 그는 철학을 역사화했다고 말할 수 있고, 반대로 역사를 철학화했다고 볼 수도 있죠. 헤겔을 공부하다 보면 자연적으로 역사의식이 생깁니다.

김갑수 반면에 헤겔은 동양에 대해서는 대단히 비판적입니다. 그래서 그의 시각이 지나치게 유럽 중심적이라는 비판을 받지 않습니까?

이동희 실제로 헤겔은 동양사회를 매우 낮게 평가했어요. 중국을 세계사의 시초라고 했다가, 또 시초의 범주에도 들지 못한다고 비판했죠. 물론, 자유를 판단의 척도로 삼았기에 그렇게 평가한 거예요. 중국은 황제 한 사람이 지배하는 사회인데, 그 한 사람의 자유를 인정해줄 다른 자유인이 없기에 황제의 자유는 진정한 자유가 아니라는 겁니다.

또한, 헤겔은 동양 사회의 '역사적 정체(停滯)'에 주목합니다. 중국은 역사가 오래된 나라이고, 수많은 역사기록이 있지만, 자연성에서 벗어나지 못한 상태에 머물러 있다고 봅니다. 황제 한 사람이 다스리는 체제에서 바뀌어본 적이 없기 때문이죠. 이러한 지배체제가 바뀌지 않는 한, 역사적 발전은 없다는 거예요. 이런 점에서는 비인간적인 카스트제도가 그대로 유지되는 인도도 마찬가지라고 생각했습니다. 그래서 진정한 세계사는 고대 그리스에서 몇몇 사람의 자유로부터 시작되었다고 보는 겁니다.

헤겔이 역사발전의 중요한 기준으로 삼은 것은 이성과 합리성입니다. 통치자가 혈연에 의해 결정되는 중국의 사회는 이성과 합리성에 바탕을 두지도 않았고, 자연성에서 벗어나지도 못한 상태에 있다고 본 거죠. 혈연은 자연적 상태의 권력구조잖아요? 헤겔은 이런 혈연사회가 아니라, 이성과 합리성을 바탕으로 구성된 사회가 모든 사람이 긍정할 수 있는 사회라고 보았던 겁니다.

여기서 눈여겨볼 점은 헤겔이 인간의 이성과 합리성을 높이 평가하고 자연성을 매우 낮게 평가하고 있다는 점입니다. 이 점은 오늘날 헤겔에 대한 비판의 원인 가운데 하나가 되고 있습니다.

김갑수 헤겔이 말한 '자연'은 인간의 이성이 발현되기 이전의 상태가 아니겠습니까? 사회구성원의 관점에서 보자면 이성을 중시하고 자연적 상태를 비판적으로 바라보는 헤겔의 생각이 꼭 틀렸다고 볼 수는 없지 않을까요?

이동희 물론, 세습제나 전제적 권력에 대한 헤겔의 비판에는 타당한 구석이 있습니다. 그러나 오로지 이성이나 합리성을 척도로 삼아 중국을 지배하는 정신까지도 획일적으로 재단한 것은 문제가 있겠죠. 예를 들어 헤겔은 중국의 천인합일(天人合一) 사상을 미개한 애니미즘

(animism) 정도로 여기는데, 사실 이 사상은 유교의 중요한 사상으로 매우 수준 높은 철학적 사고를 담고 있습니다.

김갑수   동양과 비교할 때 서양문명이 우위를 차지하게 된 계기는 결국 근대화에 있지 않겠습니까? 그러나 이전의 역사를 보면 동양문명, 특히 중국문명이 압도적으로 앞서 있었는데, 어떻게 이렇게 역전되었죠?

이동희   헤겔이 태어나기 약 200년 전부터 중국과 유럽 사이에 진지한 교류가 있었습니다. 예를 들어 예수회 선교사들이 중국에 갔고, 또 그들이 번역한 중국의 서적들이 유럽에 퍼지기 시작했죠. 그래서 당시의 많은 유럽 지식인이 중국에 대해 큰 관심을 보였고 영향도 받았습니다. 대표적인 사람이 라이프니츠와 볼테르 같은 철학자입니다. 이들은 중국의 문화와 철학을 선망하고 높이 평가했습니다. 그런데 유럽이 산업혁명에 성공하고, 힘을 갖추게 되면서부터 동양을 교류 대상이 아니라 지배와 정복의 대상으로 삼기 시작한 거죠. 제국주의적 사고가 발호한 겁니다.

헤겔은 제국주의자는 아니었지만, 역사 발전의 필연성에 주목하고 진보적으로 사고하는 철학자로서 선진 사회가 낙후한 사회를 이끌어가야 한다고 생각했던 것 같습니다. 헤겔의 영향을 받았던 마르크스도 인도에 대해 이런 이야기를 합니다. '영국인들의 말발굽에 짓밟힌 인도는 나의 마음을 아프게 한다, 그러나 역사 발전의 필연성을 생각하면 나는 그 앞에서 괴테의 시를 읊을 수 있다.' 그러나 저는 말발굽에 깔려 신음하는 사람들의 소리가 묻혀버려서는 안 된다고 생

G. W. Leibniz,
1646~1716

Voltaire,
1694~1778

각합니다. 저는 발전이나 진보를 우선하는 헤겔의 그런 점을 비판하고 싶습니다.

김갑수   그래서 헤겔을 프로이센의 어용철학자로 보는 사람도 있고, 또 '열린 사회의 적'으로 보는 사람도 있죠.

이동희   헤겔의 《법철학》을 잘못 읽은 사람들이 그렇게 생각합니다. 헤겔은 개인의 자유와 국가의 이해가 일치되는 사회를 조망했습니다. 그런데 프로이센은 그런 국가가 아니었죠. 헤겔은 인간의 자유가 실현되는 것을 역사의 종착점으로 믿었던 낙관주의자입니다. 그는 역사를 관통하는 절대정신과 이성의 힘을 믿었으니까요. 이런 점에서 포퍼가 헤겔을 열린 사회의 적이라고 공격한 것에 동의하기 어렵습니다.

헤겔 철학의 유산

김갑수 그렇군요. 마무리 질문이 될지도 모르겠는데, 저는 마르크스가 없었다면, 과연 헤겔이 이만큼 주목을 받았을지 의심스럽거든요. 헤겔에서 마르크스로 이어지는 과정에서 가장 큰 전환점은 어떤 것이었는지 설명해주셨으면 합니다.

이동희 1831년 헤겔이 사망하면서 헤겔학파가 분열합니다. 특히 헤겔 좌파와 우파로 갈리게 되는데 그 원인은 헤겔의 종교철학에 대한 해석을 두고 의견이 서로 달랐기 때문입니다.

헤겔은 자신의 종교철학이 기독교 교의와 일치한다고 봤지만, 그가 생각한 신(神)은 역사를 통해 스스로 실현하는 존재였기에 범신론적 색채가 짙었습니다. 따라서 기독교의 신과 과연 일치한다고 말할 수 있는지, 논란의 여지가 있었던 거죠. 여기서 우파는 헤겔이 기독교 교의의 사실성을 인정했다고 보았고, 좌파는 헤겔 철학이 기독교와 분열되었다고 보았죠. 헤겔학파의 슈트라우스는 1835년 《예수의 생애》를 출간하면서 《복음서》에 기록된 예수는 역사적으로 실재했던 모습이 아니라, 메시아에 대한 기대와 예수라는 인물이 지닌 강렬한 인상이 만들어낸 신화라고 주장했습니다. 이처럼, 헤겔 좌파, 즉 청년헤겔파는 예수를 칸트적 의미의 도덕 교사와 같은 존재로 이해했죠. 그러면서 이제 종교의 시대를 극복하고 철학의 시대로 진입해야 한다고 주장했던 겁니다. 이러한 신학적 논쟁은 정치적 논쟁의 단계로 옮겨가서 종교와 밀착되어 있던 당시의 프로이센 정부와 정치적으로 충돌하게 되었죠. 그리고 때를 같이해서 헤겔 철학에 대해 반기를 들기 시작합니다. 그 대표적인 인물이 포이어바흐입니다. 그는 헤겔을 존경했고, 베를린대학에서 헤겔에게 2년 정도 수학한 적도 있는 사람인데, 워낙 수줍음이 많은 사람이어서 헤겔을 직접 만나고서도 한 마디도 못 하고 그냥 헤어졌다고 해요. 하지만 자신의 철학에 관해서는 대단히 과감하고도 단호한 사람이었습니다. 원래 그는 신학을 전공하다가 실

Ludwig A. Feuerbach,
1804~1872

망하고 철학을 전공한 사람이었습니다. 그는 헤겔 철학의 관념론을 유물론으로 뒤집으려고 했습니다. 헤겔과는 달리 인간을 의식적 존재이기보다는 철저하게 유물론적 관점에서 피와 살이 도는 물질적인 존재로 파악합니다.

우선 그는 1841년에 출간한 《기독교의 본질》이라는 책에서 종교를 비판하고 신학을 공격합니다. 그는 종교의 내용과 대상이 신적인 것

이 아니라 철두철미하게 인간적이며, 신학에서 말하는 신의 본질은 다름 아닌 인간의 본질이라는 사실을 증명하려고 했어요. 인간을 지배하고 인간을 소외시키는 종교적 세계관을 철학적으로 분석한 거죠. 그리고 기독교를 '인간적 유물론'의 방법으로 분석하면서 기독교가 노예화한 인간을 해방해야 한다고 주장했어요. 인간을 노예화하고 소외시키는 신학의 환상과 인간의 의식을 마비시키는 사변철학에서 인간을 해방해야 한다는 거였죠. 그런 점에서 당시에 그는 정치적 해방의 선구자로 여겨졌어요. 그 시절에 정치권력은 종교와 결탁해서 인간의 의식 자체를 억압하고 있었죠. 그것을 깨부수려고 한 것이 바로 《기독교의 본질》입니다. 사실, 이 책에 나오는 종교비판은 당시의 권력에 대한 비판이자 정치에 대한 비판입니다. 이처럼, 포이어바흐는 반동적 권력을 비판하고 철학을 개혁하려고 했어요. 그래서 1843년에 출간한 책에도 '철학 개혁을 위한 잠정적 테제들'과 같은 제목을 붙였죠. 그는 이 책에서 헤겔식의 사변적·관념론적 철학을 비판합니다. 그리고 그 이듬해에 출간된 《미래 철학의 원리들》에서는 헤겔의 사변철학에 대한 비판을 체계적으로 전개하죠. 그가 볼 때 모든 세계를 지배하는 헤겔의 절대정신이라는 것도 역시 본질적인 의미에서는 신의 정신이라고 보았기 때문이에요.

마르크스와 엥겔스는 포이어바흐의 이런 전복적인 사고에 열광했죠. 마르크스는 포이어바흐에게 편지도 보냈어요. 마르크스가 헤겔의 《법철학》을 공부하면서 가장 큰 도움을 받았던 사람이 바로 포이어바흐입니다. 마르크스는 심지어 '이제 종교 비판은 포이어바흐에서 끝났다'고 선언했어요. 그래서 자신은 철학과 정치경제적 비판에 몰두하겠다고 했죠. 그러나 마르크스는 포이어바흐의 유물론을 수용하고 종교비판에 동조했지만, 그의 주장을 그대로 따르지는 않았습니다. 포이어바흐의 유물론이 너무 정태적이고, 역사의식이 결여되었다고 보았기 때문이죠. 그런데 헤겔의 관념론을 보면 인간 의지의 활동이나 역사의식 같은 것들이 상당히 능동적이잖아요. 그래서 마르크스는 헤겔의 변증법에서 그런 점들을 수용하고, 《자본론》 서문에서 헤겔을 죽은 개 취급하면서도 헤겔 변증법의 옹호자로 나서고, 헤겔 철학의 핵심을 끄집어내는 것이 자신의 과제였다고 고백했던 겁니다.

그러나 마르크스는 결정적으로 헤겔의 철학을 뒤집어놓으려고 했어요. 그는 인간의 의식이 인간의 존재를 규정하는 것이 아니라, 오히려 사회적 존재가 인간의 의식을 규정한다고 보았죠. 그는 또한 헤겔의 역사철학도 뒤집어서 역사적 유물론을 정초했어요. 그는 헤겔이 주장했던 철학, 종교, 문화와 같은 상부구조가 역사를 발전시키는 것이 아니라, 하부구조인 물질과 그것을 둘러싼 인간 사이의 관계가 역사를 발전시킨다고 생각했죠. 여기서 한 가지 주목할 점은 마르크스의 역사적 유물론이 인간의 의지와 실천을 부정하지 않는다는 사실입니다. 오히려 인간의 실천적 의지를 강조하죠. 관조나 해석이 아니라 세계의 변혁을 염두에 두는 인간의 의지가 중요하다는 거예요. 이처럼, 마르크스가 인간의 능동적이고, 실천적인 의지를 중요하게 여기는 데에는 헤겔의 영향이 컸습니다. 그리고 역사적 유물론의 방법인 변증법과 그 논리적 전개 과정도 헤겔이 없었다면 성립할 수 없었겠죠.

김갑수   일반인에게 헤겔은 접근하기 어려운 난해한 철학자로 여겨집니다. 그러나 역사 발전에 대한 그의 통찰력이나 인간의 정신이나 자유에 대한 의지 등은 진지하게 생각해봐야 할 문제들을 내포하고 있다는 생각이 듭니다. 오랜 세월 헤겔을 연구한 학자로서 오늘날 우리가 헤겔의 철학에 주목해야 할 이유가 있다면 어떤 것인지, 마무리 삼아 말씀해주셨으면 합니다.

이동희   오늘날 헤겔의 철학은 거대 담론으로 비판받고 있습니다. 그리고 그의 유럽 중심주의적 역사관과 세계관도 비판받고 있습니다. 그럼에도, 헤겔 철학은 오늘날에도 끊임없이 논의되고, 새롭게 영감을 불러일으키고, 새로운 철학 개념으로 발전하고 있습니다. 예를 들어 자유주의 시각의 해석이기는 하지만, 후쿠야마에게서 볼 수 있는 것처럼 헤겔의 역사 해석은 아직도 많은 영감과 자극을 주고 있습니다. 그리고 헤겔이 주인과 노예의 변증법에서 보여 주었던 '인정(認定, Anerkennung)' 개념은 카나다 맥길대학의 찰스 테일러나 현재 프랑크

Charles M. Taylor, 1931~

Axel Honneth, 1949~

푸르트학파를 대표하는 악셀 호네트 같은 현대의 철학자들에게 결정적인 영향을 미쳤습니다.

오늘날 우리가 헤겔 철학을 비판할 수는 있겠지만, 헤겔을 무시하기는 어려울 겁니다. 그 까닭은 헤겔 철학이 인간과 역사, 그리고 공동체와 자연에 대해 누구보다도 깊은 통찰과 폭넓은 시야를 제공하기 때문이겠죠.

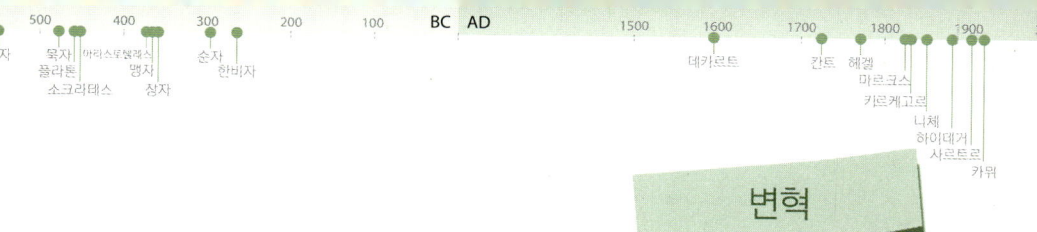

변혁

세상의 변화를 꿈꾸다, 마르크스

| 강영계 |

"어떤 사람들은 마르크스의 사회혁명 주장에 가치를 둘 뿐, 그의 휴머니즘에는 별로 주목하지 않습니다. 그런데 사회혁명의 목적은 결국 인간을 평등하고 자유롭게 하는 데 있지 않습니까? 그리고 마르크스는 유대인으로 태어나서 불평등한 사회의 부조리를 체험했기에 더욱더 억압받는 사람들의 해방을 희구하는 원초적 갈망이 있었다고 봅니다. 그래서 저는 마르크스를 대표적인 휴머니스트의 한 사람으로 간주합니다. 제가 마르크스의 이론이 전적으로 옳다고 말하는 것이 아닙니다. 공산당 독재를 인간 해방의 과정으로 생각했다거나, 모든 노동자를 같은 수준으로 간주했던 것도 현실을 제대로 파악한 것은 아니었다고 봅니다.

저는 각각의 인간 사이에 존재하는 차등을 인정하고 그 차등을 메우려고 애쓰는 이것이 오히려 마르크스를 보충하는 길이라고 생각합니다. 마르크스에게 한 수 배우고 마르크스를 비판하면서 마르크스를 보충하는 것이 오늘날 지녀야 할 자세라고 생각합니다."

강영계

건국대학교 철학과 명예교수.
서울대학교 철학과 졸업, 독일 뷔르츠부르크대학교 철학박사.
건국대학교 철학과 교수, 독일 프라이부르크대학교 교환교수, 프랑스 스트라스부르대학교 교환교수 역임.
주요 저서 : 《철학의 끌림》,《프로이트의 정신분석학이야기》,《니체와 문명비판》

마르크스는 누구인가

김갑수 '철학의 사명은 세상을 해석하는 것이 아니라 세상을 변화시키는 데 있다.'

이 신념에 철학적 생명을 걸었던 사람. 전 세계를 강렬한 열정과 희망, 그리고 갈등과 투쟁으로 몰아넣었던 사람. 지구 표면의 지정학적 구조를 바꾸어놓은 사람. 우리는 그렇게 카를 마르크스를 기억합니다.

그러나 소련과 동구 공산체제가 무너지고 나서, 마르크스주의는 유령이 되어버린 것 같았습니다. 이념은 살아 있지만, 그 이념을 지탱하는 실체로서 공산국가 체제가 사라졌기 때문이죠.

그런데 참 이상하게도 시효가 다했다고 생각했던 마르크스 철학에 대한 저작은 끊임없이 출간됩니다. 우리는 왜 아직도 마르크스를 읽어야 할까요? 한물간 것처럼 보이는 마르크스 사고의 패러다임이 여전히 우리에게 호소력을 발휘하는 이유는 무엇일까요? 마르크스 철학을 통해 창조적인 인간상을 모색하시는 강영계 선생님에게서 그 대답을 들어보려고 합니다.

선생님은 오랜 기간 대학에서 학생들을 가르치면서 젊은이들의 세태 변화를 목격하셨겠죠. 요즘 젊은 세대는 예전과 달리 인문학과 같은 기초학문보다는 고소득 직종으로 진출하기에 유리한 학과나 과목으로 몰리지 않습니까? 대학도 학생도 너무 자본화한 것 같지 않습니까?

강영계 글쎄요. 제가 보기에 우리 사회의 자본화는 아직 막바지로 치달은 것 같지는 않습니다. 돈과 기계와 기술의 지배가 더 극성을 부려서, '아! 이게 아니로구나, 이게 정말 사람이 살 길이 아니라 지옥이구나' 하는 자각이 들 때야 비로소 인문학의 필요성을 절감하게 되지, 지금처럼 인문학이 태동하는 단계에서는 다른 실용학문을 대적할 수 없다고 봅니다.

김갑수 요즘처럼 과학기술과 금융이 세상을 압도하기 전에는 인문학, 특히 철학에 대한 일반의 관심이 훨씬 더 컸던 것 같습니다. 아마도 엄청난 희생을 불러온 세계대전을 치르고 나서 인간성에 대한 진지한 성찰이 싹텄고, 60~70년대 서구에서 일어난 문화혁명이 인간과 사회에 대한 깊은 이해를 촉구했기 때문이겠죠.

그러나 그 시절에 반공(反共)을 국시로 삼았던 한국 사회에서 마르크스는 금기와 공포의 대상이었습니다. 손을 대면 엄청난 보복이 기다리고 있었죠. 실제로 '마르크스'라는 이름이 나오는 책만 가지고 있어도 이내 빨갱이로 몰려서 잡혀가던 공안 정국을 거치지 않았습니까? 그런데 선생님은 마르크스를 전공하러 독일로 가셨는데, 그 시절의 상황이 궁금하군요.

강영계   독일에 갔더니 공산당도 있고, 마르크스주의자들도 많고, 도서관에는 한국에서 금서였던 마르크스 전집도 있었습니다. 세 권으로 된 두꺼운 《자본론(Das Kapital)》에서 마르크스는 도대체 무슨 얘기를 했을까? 참 궁금했죠. 저는 6개월 동안 도서관에서 밤낮으로 그 책을 다 읽었습니다. 당시에 마르크스에 대해 너무 무지했기에 정말 열심히 읽었습니다. 그런데 《자본론》은 철학 서적이 아니었어요. 1700년대 영국의 산업사회, 농업 형태, 지주와 소작농, 자본가 유산계급과 노동자 무산계급 사이의 격차, 임금, 잉여가치, 정치·경제적 불평등에 대한 기술로 점철되어 있었어요. 그래서 저는 《자본론》이 경제학 서적이라고 생각했는데, 80년대 초 한국으로 돌아오니까, 특히 좌파 운동권에서 마르크스를 제대로 이해하지도 못한 채 팸플릿 같은 데 많이 언급해놓았더라고요. 그래서 가만히 생각해보니, 《자본론》은 인간의 가치가 어디에 있는지, 인간이 어떻게 살아야 하는지, 인간의 역사가 어떤 방향으로 흘러가야 할지, 이런 문제들에 대한 근본적인 탐색의 결과를 바탕으로 정치나 경제를 분석하고 있으므로 엄밀히 말해서 단순한 경제학 서적이 아니라 경제철학 서적이라는 생각을 하게 됐습니다.

김갑수   랍비의 후손이었던 마르크스의 아버지는 변호사였는데 가톨릭으로

카를 하인리히 마르크스

Karl Heinrich Marx
(1818~1883)

독일 프로이센 라인 주 트리어에서 유대인 변호사 아버지와 네덜란드 귀족 출신 어머니 사이에서 7남매 중 셋째아들로 태어났다. 1835년 본대학교에 입학하여 그리스와 로마 고전 등 인문학 수업을 받았다. 1년 후 베를린대학교에 들어가 법률·역사·철학을 공부했다.

당시 강력한 영향력을 발휘하던 헤겔의 철학에 매료되어 헤겔좌파인 청년헤겔파에 들어가 무신론적인 급진 자유주의자가 되었다. 1841년 예나대학에서 《데모크리토스와 에피쿠로스의 자연철학의 차이》라는 논문으로 박사학위를 받았다.

1842년 1월 새로 창간된 급진적 반정부 신문 《라인 신문》에 글을 쓰기 시작하여 그해 10월에 편집장이 되었다. 이 시기에 사회의 현실적인 문제를 다루면서 경제학 연구의 필요성을 실감했다. 1843년 프로이센 귀족의 딸인 4살 연상의 W. 예니와 결혼하고 파리로 이주하여 경제학을 공부하면서 프랑스의 사회주의를 연구했다. 1842년에 처음 만난 F. 엥겔스의 조언으로 경제학 연구에서 영국의 중요성을 깨닫게 되었다.

A. 루게와 함께 출간한 《독불년지(獨佛年誌)》가 문제가 되어 프로이센 정부의 요청으로 파리에서 추방되었고, 1845년 브뤼셀로 가서 프로이센 국적을 포기했다. 그 사이에 《경제학·철학 초고》와 《헤겔 법철학 비판서설》을 출간했고, 1845년 엥겔스와 함께 《신성가족》과 《독일 이데올로기》를 집필하면서 유물사관의 주장을 폈다. 1847년 P. J. 프루동(1809~1865)의 《빈곤의 철학》을 비판한 《철학의 빈곤》을 쓰고, 런던에서 공산주의자동맹이 결성되자 엥겔스와 함께 가입하여 동맹의 강령인 《공산당선언》을 공동명의로 집필했다.

1848년 2월 파리에서 시작된 혁명의 기운이 유럽에 퍼지자, 브뤼셀·파리·쾰른 등지에서 참가했으나 혁명은 실패했고 그에게는 잇달아 추방령이 내려졌다. 그는 마침내 런던으로 망명하여 수년간 고립된 생활을 했다.

1850~1864년 마르크스는 정신적 고통과 물질적인 빈곤 속에서 지냈다. 대영박물관 도서관에

개종했다고 하죠? 마르크스에게 유대인 혈통은 어떤 영향을 미쳤습니까?

강영계 좋은 영향을 주지는 않았죠. 마르크스는 어려서부터 내면적인 갈등이 심했습니다. 기독교 사회에서 유대인에 대한 박해는 이미 1300년대부터 시작됩니다. 그리고 마르크스가 태어난 1800년대 초에는 유대인 학대가 점차 노골적으로 드러나죠. 유대인은 공식적인 직업도 가질 수 없었고, 공적인 활동도 금지되었어요. 결국, 마르크스가 무산계급에 대한 유산계급의 차별이나 착취, 사회적 편견에 대해 일찍이 눈뜨게 된 것은 유대인이라는 자신의 신분이 처한 상황도 중요한 요소로 작용했다고 봅니다.

다니면서 경제학을 연구하는 한편, 1851년부터 미국의 《뉴욕 트리뷴》지의 유럽 통신원이 되었다. 이때 엥겔스가 마르크스에게 재정적 원조를 계속했으며, 마르크스 부인의 친척과 W. 볼프(마르크스는 《자본론》을 이 사람에게 헌정했다) 등의 유산을 받아 경제적 곤란을 덜었다. 1859년 경제학 이론에 대한 최초의 저서 《경제학비판》이 간행되었는데, 이 책의 서언(序言)에 유명한 유물사관 공식이 실려 있다. 1864년 창설된 제1인터내셔널에 참여하여 프루동, F. 라살(1825~1864), 미하일 바쿠닌 등과 대립하면서 활동하는 한편, 1862년부터 구상 중이던 《자본론》 제1권을 1867년 함부르크에서 출간했다. 그러나 제2권과 제3권은 마르크스의 사후에 엥겔스가 1885년과 1894년에 각각 출판했고, 처음에 제4권으로 구상되었던 부분은 K. 카우츠키가 1910년 《잉여가치학설사》라는 이름의 독립된 형태로 출간했다.
1881년 12월 아내가 죽고, 1883년 1월 장녀가 죽으면서 큰 충격을 받은 그는 그해 3월 14일 런던 자택에서 엥겔스가 지켜보는 가운데 삶을 마쳤다.

마르크스 철학의 배경

김갑수   마르크스를 이야기할 때 헤겔을 언급하지 않을 수 없죠. 당시에 헤겔은 서구 지성의 산맥 같은 존재가 아니었습니까? 마르크스는 헤겔 철학의 어떤 점을 비판하고 극복했는지, 정리해봤으면 좋겠어요.

강영계   일반적으로 마르크스 철학이 헤겔을 비판하면서 성립된다고 하는데 그렇지는 않습니다. 연대를 보면 1845년이 하나의 분수령을 이룹니다. 마르크스가 《독일 이데올로기》나 《신성가족》 같은 책을 저술할 때 이미 자기 사상이 드러나고, 박사학위 논문이나 《헤겔 법철학 비판》과 같은 저술에서는 포이어바흐의 입장이 두드러집니다. 포이어바흐는 인간의식과 사회구조의 토대가 사회적·물질적 조건이고, 사회는 사람들 의지의 총합이 아니라, 생산력과 생산관계에 그 기반을 두고 있다고 봅니다. 그리고 자본주의 사회는 계급사회이며, 사회의 모든 갈등은 계급 간의 이해관계에 바탕을 두고 있어서 생산수단을 둘러싼 계급의 이익만 존재할 뿐, 공공의 이익이라는 것은 존재하지 않는다고 봅니다. 이런 논리에 따라 사회를 구성하는 각 부문의 상호작용도 궁극적으로는 물질적 조건에 의해 결정된다고 주장하죠. 마르크스는 포이어바흐의 이런 주장을 수용합니다.

그 밖에도 마르크스의 사고에는 여러 가지 사상이 종합되어 있어요. 그가 사상적으로 성숙하고 독자적인 철학을 정립하기까지에는 시간이 걸립니다. 그래서 1845년이 되어야 헤겔에 대한 비판도 분명해져요.

헤겔은 신적인 절대정신이 스스로 전개하면서 자연이 되고, 예술이 되고, 종교가 되고, 철학적 절대지식이 되면서 스스로 열매를 다시 맺는다고 말합니다. 간단히 말해서 자연세계는 절대정신의 지배를 받는다는 거죠. 우리가 사는 자연세계의 모든 사물은 물질로 이루어졌죠. 인간의 육체도 물질이잖습니까? 그런데 이 물질적 존재가 움직입니다. 거대한 지구도 움직이고 있어요. 물질이 어떻게 스스로 움직일 수 있죠? 그래서 헤겔은 이 세상에 물질을 움직이게 하는 정신적 존재가 있다고 생각하는데, 그것이 바로 세계이성, 곧 절대정신입니다. 인간의 물질적인 실체인 육체가 정신적인 현실인 이성에 의해 지배되듯이, 세계의 모든 물질은 세계이성, 곧 절대정신이 지배한다는 거죠. 이처럼, 모든 물질을 지배하는 절대정신은 곧 신(神)과 같은 존재를 의미한다는 점에서 헤겔은 유신론자이고 관념론(觀念論)자입니다.

그런데 마르크스가 보기에 정신이 물질이고 물질이 정신이라는 헤겔의 주장은 도대체 헷갈린단 말이죠. 마르크스는 인간의 삶이 감각적인 물질의 세계에서 이루어지고, 그것도 경제적인 생산관계에 따라 규정된다고 보았거든요.

다시 말해 헤겔은 관념적으로 신이 있다고 주장하지만, 마르크스는 신이 존재하지 않는다고 주장합니다. 그래서 둘 사이에는 근본적인 차이가 있죠. 존재와 사회를 이해하고 해석하는 관점이 다를 수밖에 없는 거예요. 그런 점에서 마르크스는 이 세상의 모든 존재는 신의 의지에 따르는 것이 아니라, 서로 대립하고 투쟁하면서 변화하고, 사회의 변화도 계급 간의 투쟁을 통해서 이루어진다고 주장하죠. 자본주의 사회가 노동자와 자본가 사이의 대립 투쟁을 통해 붕괴하고, 새로운 사회, 공산주의 사회로 변화한다고 주장한 것도 결국 물질적 존재로서의 노동자 계급과 자본가 계급이 서로 투쟁해서 사회가 변화한다고 보는 겁니다.

말하자면, 헤겔은 정신을 물질 세계로 끌어내렸고, 마르크스는 물질을 정신 세계로 끌어올렸다고 할 수 있어요.

김갑수 또 하나 궁금한 점은 마르크스가 박사학위를 받을 때 데모크리토스(Dēmokritos, BC 460~BC 370)와 에피쿠로스(Epikouros, BC 342~BC 271)를 비교한 논문을 제출했다는데, 19세기 사회 현실에 관심이 지대했던 마르크스가 고대 철학자의 사상을 연구대상으로 삼았다는 것이 조금 놀랍군요.

강영계 에피쿠로스는 데모크리토스의 철학을 공부하면서 그를 스승으로 삼았는데, 마르크스가 에피쿠로스의 이론을 비판적으로 발전시킨 거죠. 마르크스는 논문에서 에피쿠로스의 주장을 지지하면서 데모크리토스의 유물론은 불완전하다고 비판합니다. 그리고 에피쿠로스의 휴머니즘, 평등사상, 윤리적 사고, 그리고 유물론을 자기 사상 체계로 흡수하죠.

마르크스는 에피쿠로스의 철학이 데모크리토스 물리학의 결정론이나 종교의 목적론적 원리를 반대했다는 점을 특히 강조했습니다. 에피쿠로스는 물리학적 결정론을 추종해서 운명의 노예가 되기보다는 차라리 신화를 믿는 편이 낫다고 했어요. 왜냐면 만약 우리가 신에 대한 존경을 표시하고 신화를 믿는다면 신의 은총을 받을 수 있다는 희망이라도 남지만, 물리학자들의 주장을 믿고, 운명의 노예가 되는 것은 냉혹한 필연성에 의존하게 된다는 겁니다. 그러나 우리가 진정으로 받아들여야 할 것은 신이 아니라 우연이며 기회라고 했어요. 그리고 철학에 봉사하는 일만이 진실한 자유를 추구하는 길이라고 했죠.

이처럼 마르크스의 관점에서 에피쿠로스 철학의 핵심은 인간의 자유에 대한 강조에 있었습니다. 에피쿠로스는 인간에게 일어나는 모든 사건은 단순한 필연이나 우연의 결과가 아니라, 인간의 자유로운 선택의 결과라고 주장했어요. 물론, 필연성을 전적으로 부인하지는 않았습니다. 다만, 그 필연성의 한계를 극복할 수 있는 인간의 자유를 강조했던 거죠. 다시 말해 에피쿠로스는 유물론을 옹호하면서도 결정론적인 사고를 거부했고, 마르크스는 에피쿠로스의 유물론이 내포한 희망과 자유에 대한 사고를 높이 평가한 겁니다. 즉, 인간이 스스로 신념을 품고 필연적인 한계를 극복하려고 노력하는 데 진정한 철학의 의미가 있다고 본 거죠.

그러나 에피쿠로스의 철학은 세계에 대한 해석과 이해를 제공했을 뿐, 실천적 대안을 제시하지는 못했습니다. 반면에 마르크스는 이해의 차원을 넘어 자연과 사회, 인간과 물질, 즉 세계의 혁명적 변화를 촉구했습니다. 중요한 것은 세계에 대한 해석이 아니라, 세계를 변화시키는 일이라고 생각한 거죠.

김갑수   마르크스가 고대 그리스 철학을 공부할 때에도 사유의 바탕은 휴머니즘과 유물론에 있었다고 봐야겠군요. 서양에서는 마르크스주의를 휴머니즘 관점에서 이해하려는 경향이 두드러지는 것 같은데, 특히 실존주의를 휴머니즘으로 설명한 사르트르 철학의 배경에도 마르크스주의가 있지 않습니까? 휴머니즘 차원에서 마르크스는 어떻게 설명될 수 있을까요?

강영계   그 점은 마르크스의 개인적인 체험과 깊은 관련이 있는 것 같습니다. 마르크스는 어려서부터 독일 사회에서 유대인들이 감수해야 했던 차별이나 억압, 불평등한 처사를 예민하게 의식하고 있었죠. 그리고 대학 생활 기간에 영국의 자본주의나 프랑스 혁명의 현실을 이해면서 지나친 불평등에 노출된 인간의 상황을 자각하게 되었습니다. 한쪽에서는 비인간적인 착취를 서슴지 않고, 다른 한쪽에서는 억압과 빈곤 속에서 살아야 하는 현실을 보고 반드시 평등을 실현해야겠다고 결심하게 된 겁니다. 이처럼, 마르크스는 이론적으로나 실천적으로 목숨 바쳐 활동한 철학자였습니다.

마르크스와 공상적 사회주의

김갑수 마르크스는 기존의 사회주의적 사고와는 달리 자신의 철학이 과학이라고 주장하지 않았습니까? 어떤 점에서 그의 사고가 이전 사회주의자들과 달랐고, 그 과학성이란 어떤 것인지 궁금합니다.

강영계 사람들이 흔히 마르크스를 사회주의나 공산주의의 창시자로 알고 있는데, 전혀 그렇지 않습니다. 마르크스가 등장하기 전 18세기 말, 19세기 초에 공상적 사회주의 사상가라고 부르는 사람들이 있었죠. 프랑스의 샤를 푸리에, 생시몽 그리고 영국의 로버트 오언 같은 사람들이 활동하던 시기에 유럽 국가들은 왕권이 확립되고 겉으로는 사회가 안정된 것처럼 보였습니다. 그러나 내부에서는 서민과 노동자들이 특권 계급에 대해 격렬하게 저항하면서 사회의 구조적 변화를 요구하고 있었어요. 결국, 그것이 프랑스에서는 혁명으로 이어지지 않았습니까? 그들 저항의 배경에는 기본적으로 사유재산이 사라

Charles Fourier,
1772~1837

Compte de Saint-Simon,
1760~1825

Robert Owen,
1771~1858

저야 모든 인간이 평등할 수 있다는 생각이 있었어요. 그렇다면, 어떻게 사유재산을 없애고 평등한 사회를 만들 수 있느냐. 공상적 사회주의자들은 헤겔이 말한 것처럼 이성에 따라 행동해야 한다고 주장했습니다. 논리적인 이성에 따라 사물의 질서를 바라보고 합리적인 판단에 따라 사유재산을 철폐하고 평등한 사회를 만들어야 한다는 거죠.

그러나 마르크스는 그런 주장이 관념적이고 현실성이 없다고 비판합니다. 무엇보다도 경험이 중요하고 감각적으로 인식할 수 있는 것은 물질적인 생산관계라고 생각했기 때문이죠. 그래서 공상적 사회주의자들의 주장과는 달리, 감각경험을 중시하는 과학주의를 표방한 겁니다. 자신이 제안하는 사회주의는 과학적 사회주의라는 거예요. 거기에 분명한 차이점이 있습니다.

김갑수　마르크스의 사상을 보면 두 가지 대조적인 지적 전통이 반영된 것 같습니다. 하나는 사회현실에 대한 비판이고 다른 하나는 사회와 역사를 설명하는 과학이라고 볼 수 있는데, 이런 두 가지 전통은 마르크스의 사고 자체에 포함된 양면적 특성에서 비롯된 것 같아요. 마르크스 사상은 과학이면서 이념이고, 또 합리적 사고이면서 정치적 실천이고, 사회현상에 대한 해석이면서 동시에 사회를 변혁하려는 행동강령이라는 특성이 있잖습니까?

과학으로서 마르크스주의는 사회구조를 강조하면서 인간을 사회의 산물로 보고, 생산양식에 관련된 경제적 하부구조가 이데올로기나 국가를 포함하는 상부구조를 지배한다고 주장하잖아요. 이런 관점에서 보면 사회가 자연적인 변화의 과정에서 벗어나기 어렵고, 또 인간의 의지나 노력으로 사회를 변혁시킬 수 없다는 결론에 이르게 되죠.

그런데 사회비판으로서 마르크스주의의 관점에서는 인간의 노력이나 투쟁, 희생이 사회 변화를 결정한다고 보고, 인간을 새로운 사회를 만들어가는 창조적인 주체로 인식하잖아요. 다시 말해 사회변동에 대한 인간의지와 실천을 강조하고, 현재의 상태에 굴복하는 것을 거부하고, 경제 결정론적 입장을 혐오하죠.

어찌 보면 모순된 사고 같지만, 이런 점에서 마르크스는 휴머니즘의 가치를 강조하고 사회의 변혁을 추진하는 실천적 이론을 제시했다고 봅니다. 그리고 마르크스주의가 하나의 이념으로서 현실 사회에서 막강한 힘을 발휘했던 것도 세상을 해석의 대상이 아니라, 변화의 대상으로 바라보는 실천적 측면이 강하게 작용했기 때문이겠죠.

강영계　제가 책에서 그 대목을 읽어보겠습니다.

"실천 안에서 인간은 자신의 사고의 진리, 즉 현실성과 힘과 현세를 증명하지 않으면 안 된다. (…) 철학자들은 세계를 단지 다양하게 해석했다. 중요한 것은 세계를 변화시키는 것이다."

마르크스는 이렇게 말하고 있는 겁니다. '지금까지의 철학은 이론철학이었다. 그러나 나의 철학은 실천철학이다.' 그렇다고 해서 실천이 이론을 도외시하지는 않습니다. 마르크스는 그때까지 발전되어온 철학의 이론적 바탕을 수용하면서 거기에 더하여 철학의 실천적 의무를 강조한 겁니다. 머리와 입으로만 하는 철학이 아니라, 실천적 행동으로 사회와 인간을 변화시켜야 한다고 생각한 거죠. 그리고 그것이 바로 철학의 본령이자 의무라고 믿었던 겁니다. 저도 마르크스의 주장에 공감합니다.

마르크스와 엥겔스, 그리고 《자본론》

김갑수　망명지에서 궁핍하게 살던 마르크스에게 엥겔스는 구원자와 같은 존재였을 겁니다. 물질적으로 후원해주고, 책의 출간을 도와주고, 정서적으로도 큰 위안이 되었을 텐데, 선생님은 마르크스에게 엥겔스는 어떤 존재라고 보십니까?

강영계　마르크스와 엥겔스는 떼려야 뗄 수 없는 관계였다는 말이 맞는 것 같습니다. 정말 보기 드문 관계죠.
마르크스는 1842년에 엥겔스를 처음 만납니다. 마르크스보다 나이가 두 살 어린 엥겔스는 이 만남에서 큰 충격을 받아요. 두 살 차이인데 어쩌면 그렇게 차원 높은 사고

Friedrich Engels, 1820~1895

를 할 수 있는지 감동한 거죠. 그렇게 3년 후에 두 사람은 《독일 이

데올로기》를 함께 집필합니다. 그리고 1848년에는 《공산당선언》을 함께 집필하죠. 이것은 작은 팸플릿 같은 책자인데, 초안은 엥겔스가 잡았어요.

마르크스와 엥겔스 사이의 교우관계는 평생 지속합니다. 엥겔스는 아버지 눈 밖에 나면서까지 무려 41년간 마르크스를 경제적으로 뒷받침해줬어요. 가족이라도 그렇게 하기 어렵죠. 두 사람은 영혼으로 교감하는 사상적 동지였기에 피보다 진한 인연을 맺었던 것 같습니다. 《자본론》은 마르크스 생전에 1권이 출간되었고 2, 3권은 엥겔스가 원고를 다듬고 교정해서 그의 사후에 출간했는데, 어찌 보면 죽음을 넘어서까지 두 사람 사이의 인연이 계속 이어졌던 거죠.

망명 시절 마르크스는 외출할 때 입을 바지조차 없었어요. 전당포에

동전 한 닢 없어서…

내가 비즈니스를 할 줄 알았다면 얼마나 좋았을까.
소중한 친구여, 모든 이론들은 회색빛이고 오직 비즈니스만이 초록빛이네.
아쉽게도 나는 너무 늦게 이런 생각을 하게 되었군.
내 아내 예니가 아프네. 딸도 아프네. 나는 무일푼이라 의사를 부를 수도 없네.
거의 열흘 동안 나와 식구들은 빵과 감자만으로 끼니를 때웠네.
오늘은 끼니를 때울 수 있을지 의심스럽네.
《뉴욕 데일리 트리뷴》지의 데이너를 위한 논문을 쓰지 않았네.
왜냐하면 동전 한 닢 없어서 미리 신문을 사서 읽지 못했기 때문이네.
빵집, 우유가게, 홍차, 정육점에는 빚만 있네. (마르크스가 엥겔스에게 보낸 편지)

강영계, 《철학의 끌림》 중에서

맡기고 담배와 싸구려 술로 바꿨거든요. 그리고 엥겔스가 생활비를 보내주면 그 돈을 도박으로 날리곤 했어요. 마르크스는 모든 인간이 노동해야 하고, 노동자 사회를 건설해야 한다고 주장하면서도 정작 자신은 한 번도 노동한 적이 없어요. 자신이 그토록 혐오하던 생활을 하면서도 그런 위대한 사상을 남겼다는 사실이 참 아이러니하죠.

김갑수   마르크스와 엥겔스의 관계가 역사의 기록에 남은 것은 무엇보다도 《자본론》이라는 책이 가장 큰 계기가 되지 않았습니까? 이 책이 담고 있는 기본적인 사고, 특히 잉여가치와 관련된 주장을 소개해주셨으면 합니다.

강영계   14세기까지만 하더라도 봉건체제 영국의 농민은 대부분 농노였습니다. 그러다가 도시 상공업의 발달과 함께 화폐경제도 발달해서 16세기부터는 이전에 현물로 바치던 지대를 화폐로 바치는 '토지의 금납화'가 이루어집니다. 그리고 도시 노동자가 자본가에게 임금을 받고 일하는 체제도 자리를 잡게 되죠.
마르크스는 《자본론》에서 노동자가 받는 임금에 상응하는 가치를 생산하는 부분을 '필요노동'이라고 하고, 이 필요노동을 초과하는 노동, 즉 노동자에게 임금으로 지급되지 않는 노동이 생산한 가치를 '잉여가치'라고 했습니다. 예를 들어 어떤 물건을 생산하는 데에는 노동이 필요하죠. 그런데 시장에서 그 물건이 팔릴 때 노동의 결과 이상의 가치가 돈으로 환산되어 생기잖아요. 그 가치를 노동자가 아니라 자본가가 독점하죠. 그리고 자본가가 노동자를 고용하면 그 노

《자본론》

Das Capital, 1867

시민사회·자본주의 사회에 대한 내재적 비판을 의도한 책으로 '사회주의의 바이블'로 평가된다. 마르크스가 직접 출간한 것은 제1권(1867)뿐이며, 그의 사후 엥겔스가 유고를 정리해서 1885년에 2권, 1894년에 3권을 출간했다. 현재 《자본론》으로 불리는 것은 이 세 권뿐이다. 4권에 해당하는 부분은 1910년 K. J. 카우츠키가 편집하여 《잉여가치학설사》라는 제목으로 출간했으며 1962년 소련·동독의 마르크스레닌주의 연구소가 《자본론》의 속편을 이루는 것이라 하여 새로 편집·출간했다.

《자본론》은 제1권 〈자본의 생산과정〉, 제2권 〈자본의 유통과정〉, 제3권 〈자본제적 생산의 총과정〉(17편 97장)으로 구성되어 있다. 《자본론》은 자본주의 사회 경제적 법칙을 명확히 규명할 목적으로 가장 단순하고 추상적인 경제학 범주인 상품에서부터 분석을 시작한다. 왜냐면 마르크스는 자본주의 사회의 세포와 같은 존재인 상품 속에 사회의 모순이 집약적으로 함축되어 있다고 판단했기 때문이다. 따라서 가장 간단하고 추상적인 범주에서 시작하여 순차적으로 더욱 복잡하고 구체적인 범주로 논리가 전개된다. 전체 구성을 보면 제1권은 상품·화폐·자본·잉여가치의 생산과정과 자본주의적 축적, 제2권은 자본순환의 여러 형태, 자본의 회전, 사회총자본의 재생산과정, 제3권은 생산가격·이윤·이자·토지 등의 형태로 나타나는 잉여가치가 여러 계급에 분배되는 법칙 등으로 되어 있다.

동자가 생산한 모든 상품은 자본가의 것이 되죠. 노동자는 자기가 노동해서 얻은 결과로부터 소외된 채 자본가가 주는 임금만 받게 되잖아요. 그런데 그 임금을 어떻게 정합니까? 노동자가 만든 상품이 시장에서 팔리는 가격과는 상관없이 고용자가 정하잖아요. 따라서 노동자는 자신이 생산한 가치보다 적은 임금을 받고, 잉여가치는 자본가의 소득이 되죠. 이처럼, 이윤은 기본적으로 자본가가 착취하는 잉여가치가 된다는 것이 마르크스의 주장이에요. 결국, 자본주의의 직접적 목적이자 결정적 동기(動機)인 이윤 산출은 곧 잉여가치의 착취라는 거죠. 마르크스의 이런 주장은 나중에 노동조합이 생기면서 엄청난 폭발력을 발휘하게 됩니다.

이 모든 사고의 배경에는 헤겔의 영향도 있어요. 헤겔은 《정신현상학》에서 인간의 의식이 태어나 성장할 때 갈등하기 시작한다고 해요. 하나는 노예가 되고, 하나는 주인이 되는 의식이 있다는 거죠.

인간은 누구나 다른 사람으로부터 인정받고 싶은 욕망이 있죠. 사회적 관계에서 다른 사람을 지배하고 만족을 느끼는 것도 따지고 보면 다른 사람들에게서 인정을 받기 때문이잖아요. 이렇게 서로 인정받으려는 욕망 때문에 다툼이 일어나고 주인과 노예가 생기죠. 그와 마찬가지로 개인의 의식에서도 인정을 받으려는 의식 사이에 다툼이 벌어져서 승리한 쪽은 주인이 되고 패배한 쪽은 노예가 된다는 거예요. 이 '인정투쟁'에서 패배한 노예는 주인에게 봉사하게 되죠. 노예는 노동을 통해 주인의 생활을 떠맡고, 주인은 노예가 노동해서 얻은 결과물로 살아가죠. 이처럼 노동은 노예가 생존하는 방식이 됩니다.

그런데 헤겔은 노동이야말로 자립적인 자의식을 확립하는 계기라고 주장합니다. 노예는 노동하는 과정에서 노동 대상의 객관적 법칙을 인식하고 그 대상을 자신의 의지에 종속시킬 수 있다는 사실을 깨달아요. 이 깨달음은 자신의 잠재 능력에 대한 확인이라고 할 수 있어요. 하지만, 주인은 물질적인 생활 전체를 노예에게 의존하기 때문에 자립성을 상실할 수밖에 없죠. 노예가 없으면 주인은 삶을 영위할 수 없고 생존마저 위협을 받게 됩니다. 그러나 노예는 주인이 없더라도 자신의 창조적 노동을 통해서 스스로 생산하면서 살아갈 수 있어요. 이렇게 보면 '주인은 노예의 노예'이고, '노예는 주인의 주인'인 셈이죠. 이처럼 주인과 노예의 실질적 관계가 역전되는 데 결정적인 역할을 하는 것은 노예의 노동이에요. 그렇게 노동이야말로 삶을 영위하고 역사를 이룩하는 원천이라는 것이 헤겔의 주장이에요.

김갑수   선생님 말씀대로 헤겔이 주장한 노예와 주인의 변증법에 따른다면, 아무 일도 하지 않은 사실상의 노예였던 주인이 노예로 전락하고 노예가 실질적인 주인이 된다는 역설이 성립되는데, 그렇다면 거기에 과연 어떤 변화가 있겠습니까? 주인과 노예의 위치만 바뀌었을 뿐, 달라지는 것은 아무것도 없잖습니까?

강영계   그래서 마르크스는 헤겔의 변증법을 계승하면서도 그의 관념적인 측면을 비판하고 새로운 형태의 변증법을 제시합니다.
자연현상에는 낮과 밤, 남자와 여자처럼 대립적인 성질을 지닌 것들이 양립하면서 융합하죠. 밤과 낮은 하루가 되고, 남자와 여자는 인간의 범주에 속하면서 공존하잖아요. 그러나 사회에서 노동자와 자본가는 공존하는 것처럼 보이지만, 본질적으로 길항하는 관계에 있습니다. 자본주의 약육강식의 착취와 억압이 있는 곳에서는 자본가와 노동자가 적대적으로 충돌하면서 발전할 수밖에 없어요. 그런데 마르크스의 유물론적 변증법은 사회적 갈등을 회피하지 않고 그것을 오히려 발전의 동력으로 삼아요. 그리고 사회적 약자를 대변하고 옹호하죠. 헤겔이 노예가 주인이 된다고 했듯이, 마르크스도 사회적 약자인 노동자가 세상의 주인이 되어야 한다고 주장했죠.

김갑수　노동자가 주인이 되는 세상이라면 사실 국가라는 조직이 필요 없잖습니까? 20세기 초반 국가체제에 대해 근본적인 문제를 제기한 무정부주의자들이 있었죠. 그들의 주장은 어떤 것이었고, 마르크스는 국가체제를 어떤 시각으로 바라보았습니까?

강영계　프루동은 《소유란 무엇인가?》라는 책에서 프랑스 혁명을 비판하고 무정부주의를 주장합니다. 프랑스 혁명은 왕이라는 한 인간의 전체주의적 권력 대신 다수 시민의 민주주의 권력을 세웠지만, 타자에 대한 의지의 강제라는 점에서는 아무런 차이가 없다는 거예요. 더구나 소유를 도둑질로 보는 프루동에게 프랑스 혁명은 인간 억압의 사회적 기초인 사유재산제도를

P. J. Proudhon, 1809~1865

그대로 인정했기에 비난받아 마땅했을 겁니다.

근대적인 재산제도에서는 자본가와 임금노동자의 관계가 불평등한 교환의 관계이고, 자본가가 분업과 협동으로 증대한 생산력의 결과를 무상으로 손에 넣음으로써 '훔친' 재산은 더 많이 축적되죠. 그런데 이런 현상이 국가라는 기관이 정한 규칙으로 제도화되고 있잖습니까? 프루동은 사회의 모든 부(富)는 수많은 노동자의 협업에서 나

우리가 국가의 적(敵)인 이유

혁명적 독재와 국가주의의 차이점들은 겉모습일 뿐이다. 근본적으로 그 둘은 소수의 '지성'과 다수의 '어리석음'을 가정하는, 다수에 대한 소수의 지배라는 동일한 원리를 나타낸다. 따라서 그 둘은 머지않아 지배하는 소수의 정치적, 경제적 특권과 대다수 민중의 정치적, 경제적 종속을 지속시키고 영구적으로 만들어야만 한다는 점에서 똑같이 반동적이다. 이제 현재의 권력과 사회 구조를 무너뜨리고 그 위에 자신들의 독재를 세우려는 목적을 가진 독재적 혁명가들이 왜 결코 정부의 적이 아니고 앞으로도 적이 될 수 없는지 분명해졌다. 오히려 그들은 언제나 정부라는 개념을 가장 열정적으로 주장하는 사람들이 될 것이다. 그들은 자신들이 대체하기 원하기 때문에 단지 현재의 정부에 대해서만 적이다. 그들은 자신들의 독재를 가로막기 때문에 현재의 정부 구조에 대해서만 적이다. 동시에 그들은 정부 권력을 가장 헌신적으로 칭송하는 친구들이다. 만일 혁명이 실제로 대중을 자유롭게 해서 권력을 무너뜨리려면, 자기 정부 정책의 이득을 취하기 위해 대중을 얽매려는 이 사이비 혁명가인 소수에게서 완전히 희망을 빼앗아야 할 것이다. 만일 국가가 존재한다면 어느 한 계급이 다른 계급을 지배해야만 하고, 그 결과 노예제가 존재한다. 노예제 없는 국가는 생각할 수 없다. 이것이 우리가 국가의 적인 이유이다.

미하일 바쿠닌, 《국가주의와 아나키》 중에서

오는 '집합력'의 소산이기 때문에 자본가가 독점하지 못하게 하고 사회에 귀속시켜야 한다고 주장하고, 국가 기관 자체의 존재가치를 부정했죠.

프루동의 사상을 이어받은 미하일 바쿠닌 역시 국가에 대한 강한 거부감을 드러냅니다. 이 사람은 개인적으로 마르크스에 대해 상당한 호감을 표시했어요. 특히, 마르크스가 노동자 편에 서서 현실적으로 노동운동에 투신하는 모습을 보고 절대적인 지지를 보냅니다. 하지만, 《국가주의와 아나키》

M. A. Bakunin, 1814~1876

에서 국가주의에서 벗어나지 못한 마르크스주의를 정면으로 비판합니다. 그러면서 아나키즘의 중요한 노선들을 제시했는데, 어떤 혁명도 그것이 독재의 형태를 띠거나 국가를 인정한다면 민중을 해방하는 수단이 될 수 없음을 명시했습니다. 이런 주장은 프롤레타리아 독재를 공산주의 사회로 향하는 단계로 설정한 마르크스의 생각을 반박한 것이죠.

바쿠닌은 국가라는 조직을 통해 혁명을 주장하는 사람들의 마음에 자리 잡은 권력욕을 비판합니다. 따라서 국가를 폐지해야만 억압과 착취가 사라질 수 있고, 그래서 아나키즘은 국가에 대해 적대적일 수밖에 없다고 강조했죠.

사실, 마르크스도 공산당 일당 독재 국가는 과도기에서 필요할 뿐, 모든 시민이 평등하고 자유로울 때 정부는 필요 없다고 생각했습니다. 넓게 보면 프루동이나 바쿠닌의 생각과 그리 다르지 않죠.

마르크스 철학의 비판과 수용

김갑수   칼 포퍼는 이렇게 말했다지요. "젊어서 마르크스주의자가 되지 않은 자도 바보요, 나이 들어서 마르크스주의자로 남아 있는 자도 바보다." 포퍼는 정치이념의 차원보다는 사고의 계보학적 차원에서 마르크스의 사고를 비판한 것 같은데, 조금 자세히 설명해주셨으면 좋겠습니다.

강영계   《열린 사회와 그 적들》에서 포퍼가 말하는 열린 사회는 민주 사회와 같은 것입니다. 포퍼는 그런 사회의 적으로 세 사람을 꼽습니다. 플라톤, 헤겔, 그리고 마르크스. 거기에 한 사람을 더 보태자면 아리스토텔레스가 있습니다. 포퍼가 보기에 이 사람들은 일원적인 사고를 제시했죠. 플라톤은 절대적인 선의 이데아가 있다고 했죠. 헤겔은 신적인 절대정신이 스스로 전개된다고 했어요. 그리고 마르크스는 인간 사회의 가장 근원적인 토대는 물질적인 생산관계라고 했죠.

이 근본적인 관점을 제외하면 이들의 철학은 성립할 수가 없어요. 하지만 포퍼는 다원적 사고의 중요성을 역설합니다. 이런 관점도 있고 저런 관점도 있다는 거죠. 반면에 일원적 사고는 일종의 멍에가 되어 모든 것이 그 멍에에 끌려가게 되잖아요. 그래서 개방성이나 다양성이 인정되지 않는 닫힌 사회가 된다는 거예요.

김갑수 마르크스주의의 닫힌 측면을 비판한 사람들도 있지만, 마르크스주의에서 출발해서 현실 비판적인 사고를 전개한 사람들도 있지 않습니까? 예를 들어 프랑크푸르트학파가 대표적인 사례라고 볼 수 있는데, 이들은 1960~70년대 서구에서 대단히 큰 영향을 미친 것으로 압니다. 한때 우리나라 대학가에도 그들의 저작이 큰 반향을 불러일으켰죠. 프랑크푸르트학파는 마르크스의 어떤 사고를 받아들였고 어떤 점을 비판적으로 수용했던 건가요?

강영계 제가 1980년대 독일에서 귀국했을 때 한국에서는 마르크스가 죽은 지 백 년이 지났는데도 마르크스주의를 그대로 받아들여서 실현해야 한다고 주장하는 사람들이 있었습니다. 정말 어리석은 생각이죠. 시대도 상황도 전혀 다른데.

반면에 프랑크푸르트학파는 교조적인 마르크스주의에 반대하면서도 마르크스의 동기는 충실히 계승했어요. 마르크스주의에 프로이트의 정신분석학과 미국 사회학의 방법을 결합해서 현대의 경험을 바탕으로 한 비판이론을 전개했던 겁니다. 그들이 비판한 사회 불평등은 재화의 소유 문제만이 아니라 정치, 교육, 언론, 문화 등 모든 분야에서 가진 자와 못 가진 자의 격차였어요. 그래서 그런 계급 간의 차이를 줄이는 사회혁명이 필요하다고 역설했던 거죠.

그리고 프랑크푸르트학파는 마르크스가 주장한 노동자 혁명에 관해서도 시대적 상황이 달라졌다는 사실에 주목했어요. 특히 학파의 창설자인 호르크하이머는 노동자도

M. Horkheimer, 1895~1973

생산수단을 소유할 수 있다는 점을 지적합니다. 예를 들어 수억 원짜리 중장비를 소유하고, 한 번 작업하면 수십, 수백만 원을 버는 노동자를 과연 노동자라고 부를 수 있느냐는 거죠. 그러니까, 마르크스식으로 사회변혁을 주장하기에는 시대가 달라진 겁니다. 그러면 어떻게 해야 하느냐. 과학과 학문을 통한 사회혁명이 필요하다. 특히 철학이나 자연과학, 사회과학, 경제학, 법학 등 지성을 통한 사회변혁이 필요하다는 거죠. 그러려면 어떻게 해야 하느냐. 제2세대 프랑크푸르트학파의 계승자로 알려진 하버마스는 특히 물질적 권력 요인이 개인 간의 소통을 왜곡하는 폭력을 비판했어요. 마르크스가 역사철학적 관점에서 사회변혁을 오로지 노동자 혁명을 통해 실현하려 했던 것과는 많이 다르죠. 하버마스는 생활세계와 체계를 구분합니다. 다시 말해 언어적인 합의에 따라 작동하는 의사소통 행위는 생활세계 영역을 구성하고, 권력이나 돈이 조종하는 목적합리적인 행동은 체계의 영역을 구성한다는 거예요. 그런데 자본주의 사회에서는 생활세계가 목적합리적 행동의 하위체계에 의해 '내적 식민화'하는 병리적인 현상이 발생한다는 거죠. 다시 말해 자본주의 사회

에서 체계의 위상이 높아지면서 사람 사이의 의사소통도 목적합리적 행동이나 전략적 행동이 늘어나고, 생활세계가 중심이 되기보다는 목적합리적 의사소통 쪽으로 중심이 옮겨간다는 거에요. 그러다 보면 결국 의사소통의 합리성을 상실하게 되는 문화적 빈곤화가 생기고, 문화가 전문 직업으로 다루어지게 되면서 전문화된 성찰만 증가하고 일상실천은 줄어들게 된다는 겁니다.

J. Habermas, 1929~

김갑수 요즘 '문화권력'이라는 용어를 자주 듣게 되는데, 권력이 개인 간의 일상적 소통을 왜곡하는 현상은 날이 갈수록 심해지는 것 같습니다. 어쨌든, 구소련과 동유럽의 현실사회주의 체제가 무너지고 나서 오늘날 마르크스주의는 시효가 끝난 것처럼 이야기하지 않습니까? 이제 마르크스주의는 지구상에서 종말을 고한 건가요?

강영계 우리는 마르크스주의를 다양한 관점에서 바라봐야 합니다. 이념적으로 어느 한 면만 본다면 마르크스는 공산당 일당독재를 주장한 선동가로 비칠 수도 있겠죠. 그러나 과연 마르크스가 철저히 공산당이 지배하는 공산주의를 원했느냐. 거기엔 다른 해석의 여지가 많습니다. 마르크스가 마지막으로 내세운 것은 과학적 사회주의입니다. 마르크스는 사실 국가나 정부를 인정하지 않았어요. 궁극적으로 모든 사람이 노동자가 되고, 노동자가 주인이 되는 공산주의 사회를 조직하자는 것이 그의 주장이었습니다. 궁극적인 사회에는 노동당도 공산당도 없습니다. 단지, 모든 인간이 노동자가 되고 생산자가 되는 사회, 인간 평등이 실현되는 사회로 향하는 하나의 과정으로서 노동당, 공산당이 필요하다고 주장했던 거죠. 마르크스가 지금 살아 있다면 공산당과 노동당이 지배하는 기간을 역사적으로 단축해야 한다고 주장했을 겁니다.

김갑수 마르크스가 품었던 평등한 사회에 대한 이상, 억압받는 사람들이 종속의 굴레에서 해방되기를 바라는 희망은 여전히 수많은 사람의 가슴에 남아 있는 것 같습니다. 선생님은 지극히 자본화한 오늘날 사회에서 마르크스주의가 과연 어떤 의미로 남아 있다고 생각하십니까?

현실적 삶에서 출발하라

독일의 전통철학은 하늘로부터 땅으로 내려온 것이다. 그렇지만, 나와 엥겔스의 목적은 땅으로부터 하늘로 올라가는 것이다.
독일 전통철학은 일반적인 관념들을 일반적(보편적)인 인간학적 범주로 번역하는 것이었다. 그러나 나와 엥겔스의 목적은 보편관념들의 역사적 원천에 관해서 개별적으로 설명하는 것이다.
결국, 사상이나 언어는 그것들 자체로 처음부터 존재하는 것이 아니고 현실적 삶의 표현에 지나지 않는다. (마르크스)

강영계, 《철학의 끌림》 중에서

강영계 마르크스는 신장, 간장, 눈, 폐 등 온몸이 망가지면서도 죽을 때까지 《자본론》을 썼습니다. 여기저기서 추방당하고 끼니를 때울 감자 한 알 없이 남루한 옷차림으로 지내면서도 낮에는 대영박물관에 가서 자료를 수집하고, 밤에는 촛불 켜놓고 글을 썼습니다. 심지어 종이 살 돈이 없어서 휴지에 원고를 쓰기도 했죠.

《논어》에 '성자성(誠者成)'이라는 말이 있어요. 성실하면 이룬다는 거죠. 인간 마르크스는 불행하고 가난하고 병들고 엥겔스에게 평생 경제적으로 의존했지만, 정성을 다해 살았습니다. 저는 마르크스를 인간적으로 괜찮은 사람이라고 봅니다.

어떤 사람들은 마르크스의 사회혁명 주장에 가치를 둘 뿐, 그의 휴머니즘에는 별로 주목하지 않습니다. 그런데 사회혁명의 목적은 결국 인간을 평등하고 자유롭게 하는 데 있지 않습니까? 그리고 마르크스는 유대인으로 태어나서 불평등한 사회의 부조리를 체험했기에 더욱더 억압받는 사람들의 해방을 희구하는 원초적 갈망이 있었다고 봅니다. 그래서 저는 마르크스를 대표적인 휴머니스트의 한 사람으로 간주합니다. 제가 마르크스의 이론이 전적으로 옳다고 말하는 것이 아닙니다. 공산당 독재를 인간 해방의 과정으로 생각했다거나, 모든 노동자를 같은 수준으로 간주했던 것도 현실을 제대로 파악한 것은 아니었다고 봅니다.

저는 각각의 인간 사이에 존재하는 차등을 인정하고 그 차등을 메우려고 애쓰는 이것이 오히려 마르크스를 보충하는 길이라고 생각합니다. 마르크스에게 한 수 배우고 마르크스를 비판하면서 마르크스를 보충하는 것이 오늘날 지녀야 할 자세라고 생각합니다.

실존

인간의 실존을 말하다

| 이기상 |

"현대를 사는 우리는 누구나 실존철학적인 삶을 살아가고 있습니다. 시간 속에 존재하는 우리에게는 과거가 있습니다. 나의 과거는 민족의 과거이고, 인류의 과거입니다. 우리는 그 과거를 떠맡아서 오늘날 우리가 직면한 세계적인 문제 상황을 분석하고 대안을 찾아 미래를 향해 나아가야 합니다. 이것이 실존철학이 이야기하는 시간적인 존재로서의 인간에게 부여된 실존의 의미입니다. 그리고 이것은 하이데거의 시대만이 아니라 오늘날에도 여전히 유효하다고 봅니다. 저는 인문학을 전공하시는 분들이나 일반인이나 이런 문제의식을 가져야 한다고 생각합니다. 나의 과거를 단지 유산으로서만 떠맡을 것이 아니라, 그 과거를 미래지향적으로 새롭게 개발해서 내가 더 나은 존재가 되는 것. 그것이 실존철학이 오늘날 우리에게 주는 메시지라고 생각합니다."

이기상

한국외국어대학교 철학과 교수.
가톨릭대학교 신학과 졸업, 독일 뮌헨 예수회 철학대학교 철학석사, 박사.
열암학술상 수상. 우리말로 학문하기 모임 초대 회장, 우리사상연구소장 역임.
주요 저서 :《하이데거의 존재와 현상》,《콘텐츠와 문화철학》,《글로벌 생명학》

실존이란 무엇인가

김갑수   소크라테스가 동시대인들을 향해 던진 유명한 말을 기억하십니까?
"너 자신을 알라!"
현대 철학자 하이데거는 이 말이 약간 변형된 듯한 느낌이 드는 다른 표현을 사용했습니다.
"너 자신이 되라!"
이 말의 진의는 무엇일까요? 아마도 자아를 잃고 살아가는 우리 현대인에게 실존과 관련된 강력한 문제 제기를 하는 것은 아닐까요? 하이데거 연구에 독보적인 업적을 남기신 이기상 교수님과 함께 키르케고르, 사르트르, 카뮈, 그리고 하이데거 등 인간 실존의 문제를 제기하는 철학자들의 사유를 살펴보도록 하겠습니다. 우선, 철학에서 말하는 실존은 어떤 것인지, 용어에 대한 이해가 필요할 것 같습니다.

이기상 아시다시피, 실존철학은 서양언어로는 엑시스텐시알리즘(existentialism), 혹은 엑시스텐츠필로스피(Existenzphilosophy)라고 하죠. 실존을 독일어로는 엑시스텐츠(Existenz)라고 하는데, 이것은 라틴어 엑시스텐시아(existentia)에서 온 말입니다. 엑스텐시아는 '본질'을 뜻하는 에센시아(essentia)에 대립되는 개념입니다.

이전에는 엑시스텐시아를 우리말로 '실재(實在)'라고 번역했는데, 실존철학이 등장하고 나서 '실존(實存)'으로 번역하게 되었습니다. 거기에는 그럴 만한 이유가 있습니다. 예를 들어 여기 책상 위에 있는 컵을 보고, 누군가가 '이 컵은 무엇이냐'고 묻는다면, 그것은 컵의 본질, 즉 에센시아를 묻는 것입니다. 그런데 컵이 무엇이냐가 아니라, 그것이 여기 어떻게 있느냐, 있느냐 없느냐는 문제를 다룰 때 그 '있음'을 지칭하는 말이 바로 엑시스텐시아, 곧 실재입니다. 이처럼 실존철학은 있음에 주목하는 철학이라고 할 수 있는데, 실존철학에서 말하는 실존은 인간의 있음만을 지칭합니다. 반면에 인간이 아닌, 사물의 있음은 '실재'라고 하죠. 이처럼 인간의 있음을 사물의 있음과 구분하려고 '실존'이라는 말을 쓰게 된 겁니다. 그렇다면, 인간의 있음이 사물의 있음과 뭔가 다르다는 것이 전제되어 있겠죠.

여태까지는 존재하는 모든 것을 '실재'로 통칭했는데, 실존철학자들은 인간의 실존이 사물의 실재와 다르다는 것을 발견하고 그 점에 주목했습니다. 그것은 특히 하이데거의 업적이라고 할 수 있어요. 서양철학 2,500년의 역사가 본질 중심의 철학이었다면, 하이데거는 거기서 벗어나 인간의 있음, 더 나아가 있음(존재) 그 자체에 주목하여 철학의 새로운 지평, 새로운 차원을 열었다고 할 수 있습니다.

김갑수 인간의 본질보다 실존을 더 중요시한다면 인간이 처한 상황에 매우 중요한 의미를 부여하겠군요. 실존철학은 그 뿌리가 키르케고르까지 거슬러 올라간다고 합니다만, 실제로 전 세계적으로 영향력을 발휘한 것은 양차 세계대전을 거치면서 사람들이 위기와 공포의 절망적인 상황에 놓였던 시기가 아니겠습니까?

이기상 그래서 실존철학은 인간이 상황 속에 던져져 있다는 사실에 더욱 주목하게 되었죠. 사물은 주어진 상황 속에 그대로 있지만, 인간은 자신의 의지로 그 상황을 '떠맡아서' 변화시켜갑니다. 어쩔 수 없이 상황 속에 던져졌지만, 그것을 자신의 상황으로 받아들여서 행동을 통해 자신의 존재를 만들어가는 존재가 바로 인간이죠. 예를 들어 전쟁은 나의 의지와 상관없이, 어쩔 수 없이 벌어진 상황이죠. 그러나 그런 측면만 강조한다면 허무주의에 빠지기 쉽습니다. 실존철학에서는 니체가 우려했던 허무주의에 머무르지 않고, 스스로 상황을 변화시키면서 지속적으로 자신의 존재를 만들어가는 미래지향적인 가능성으로서의 인간을 강조하는 측면이 돋보입니다.

Friedrich W. Nietzsche, 1844~1900

김갑수 인간의 실존이 강렬하게 인식되는 상황으로 전쟁을 예로 드셨는데, 세계 역사상 가장 치열했던 전쟁의 하나로 기억되는 6·25를 겪은 한국에서 한때 실존주의 철학이 유행했던 배경을 이해할 수 있겠군요.

이기상	네, 한국전쟁 역시 개인이 어떻게 해볼 수 없는 상황이었으니까요. 프랑스가 독일에 점령당했던 상황에 대해 사르트르가 남긴 유명한 말이 있습니다. "인간은 자유로운 존재인데, 프랑스 사람들은 나치의 점령시대에 더욱 절실하게 자유를 느꼈다." 달리 말하면 전쟁이라는 극한 상황, 한계 상황에서 자유의 가치를 더욱 예민하게 느끼게 되었다는 겁니다. 우리도 마찬가지였죠. 한국전쟁은 열강이 각축하는 국제적인 역학관계에서 어쩔 수 없이 겪어야 했던 상황이거든요. 그런 상황에서 어떤 사람은 염세주의적, 허무주의적으로 실존철학을 수용했지만, 어떤 사람은 그래도 이 상황을 우리가 떠맡아서 안고 가야 한다고 생각했죠. 그런 차원에서 지식인 사이에 실존철학이 호소력이 있었다고 생각합니다.

키르케고르, 실존적 결단

김갑수   자, 이제 서양철학에서 대표적인 실존철학자들을 돌아보도록 하죠. 우선, 키르케고르에 대해 여쭤볼까 합니다. 키르케고르는 특히 전기적 사실이 그의 철학에 큰 영향을 미친 것으로 알려졌죠?

이기상   어떻게 보면 키르케고르가 실존철학자가 되었던 데에는 그가 처했던 상황이 크게 작용했습니다. 어느 날 키르케고르는 아버지의 비밀을 알고 자살을 시도합니다. 아버지에게는 두 가지 비밀이 있었죠. 하나는 어린 시절 목동이었던 아버지가 정말 가난하고 굶주려서 《성서》에 나오듯이 짐승의 사료를 먹으며 지냈나 봅니다. 그렇게 고통스럽게 살다가 언덕에 올라가서 하느님을 저주했답니다. 그것이 첫 번째 비밀이었죠. 그리고 다른 하나는 키르케고르가 아버지의 둘째 부인 소생인데, 아버지는 전 부인이 죽고 나자 집에서 일하는 가정부와 적절치 못한 관계를 맺어 키르케고르를 낳고 나서 나중에 결혼했습니다. 이것이 두 번째 비밀이었죠. 그래서 그의 아버지는 이 두 가지 일로 죄의식을 느끼며 고민하다가 임종에 눈도 제대로 감지 못했는데, 키르케고르가 아버지의 죄의식을 자신이 떠맡겠다고 나서자, 그제야 편안하게 눈을 감았답니다.

키르케고르

Søren Aabye Kierkegaard
(1813~1855)

덴마크 철학자이자 신학자. 실존주의 선구자. 그의 철학은 특히 역사와 체계에 대한 헤겔의 주장과 대립했다. 그는 헤겔이 믿하는 역사가 세계와 인간의 의미를 드러내지도 못하며, 오히려 인간을 자신의 심오하고 근원적인 소명으로부터 멀어지게 할 뿐이라고 비판했다. 또한, 도약과 단절과 지속으로 이루어진 존재, 그 가능성이 늘 열려 있는 인간을 추상적이고 고정적이며 닫힌 체계를 통해 설명하려고 하거나, 인간의 주체성을 객관적으로 규정하는 짓은 어리석다고 비판했다. 그는 또한 당시 루터교회의 형식주의에도 반대했다. 그러나 그는 신앙의 본질이나 교회의 제도, 기독교 윤리와 신학 등 종교적 문제를 다루면서도 신앙심을 잃지 않았기에 무신론적 실존주의자인 사르트르나 니체와는 달리 '기독교 실존주의자'로 불린다. 많은 사람이 그를 실존주의자, 신정통주의자, 포스트모더니스트, 심리학적 성향이 강한 휴머니스트, 개인주의자로 규정한다. 철학과 신학, 심리학, 문학의 경계를 넘나들면서 불안과 절망 속에 개인의 주체적 진리를 탐구한 그의 사상은 20세기 초반까지 국외에는 거의 알려지지 않았다. 그러나 1909년부터 독일에서 키르케고르의 번역집이 출간되어 당시 신진이었던 바르트, 하이데거, 야스퍼스 등에게 큰 영향을 주었고, 그의 명성은 현대 그리스도교 사상과 실존사상의 선구자로서 세계에 알려졌다.

키르케고르는 자살이 미수로 그치고 나서 아버지의 비밀, 아버지의 죄의식을 자기가 떠맡겠다는 실존적인 결단을 내립니다. 이처럼, 그는 아버지를 통해 '떠맡음'에 대한 자각을 경험합니다. 그리고 비록 자신 때문에 벌어진 상황이 아니더라도 인류의 역사를 스스로 떠맡는다는 실존적인 결단을 강조하게 되죠.

키르케고르의 또 다른 실존적 자각은 레기네 올센과의 약혼을 파기하는 과정에서 비롯합니다. 요즘 같으면 그저 파혼을 선언하면 끝나는 일이겠지만, 키르케고르는 자기 쪽에서 약혼을 파기해서 상대에게 상처를 줄 수 없으니까, 상대가 자기를 버리게 합니다. 치밀하게 계획해서 상대가 자기를 미워하도록 이상한 행동을 한 거죠. 여기서 약혼녀를 통해 '실존적 간접전달'이라는 키르케고르의 철학이 드러납니다. 그러니까, 상대에게 권위나 영향력을 행사해서 자기 의지대로 따라오게 하는 것이 아니라, 상대가 스스로 자각해서 갈 길을 택하게 하는 겁니다. 같은 맥락에서 키르케고르는 생전에 실명(實名)이 아니라 익명(匿名)으로 글을 썼습니다. 독자가 글을 읽을 때 저자의 권위에 영향을 받지 않고 스스로 판단해서 평가하게 한 거죠. 이것 역시 간접전달이라고 할 수 있습니다. 이처럼, 아버지와 약혼녀의 영향으로 키르케고르의 실존철학은 큰 흐름을 형성하게 됩니다.

Regine Olsen, 1822~1904

김갑수   키르케고르의 《죽음에 이르는 병》은 매우 유명한 저작이지만, 이해하기가 참 까다롭습니다. 번역의 한계인지, 원전도 그렇게 난해한지 궁금합니다.

이기상   철학 자체가 개념을 세분화하고, 인간의 근원적인 문제를 다루기 때문에 난해하게 비칠 수도 있겠죠. 그러나 글의 의미를 새겨보면 뜻하는 바를 알 수 있습니다. 키르케고르는 이 책에서 관계, 자기 자신, 실존 같은 개념들을 강조하는데, 잘 살펴보면 이런 것들은 개별과 보편, 시간과 영원, 유한과 무한 등 서로 대립하는 개념들과 관련을

나는 나와 맺는 관계이다

인간은 정신이다. 정신이란 무엇인가? 정신은 자기 자신이다.
자기 자신이란 무엇인가? 자기 자신은 자기 자신과 맺는 하나의 관계이다. 혹은 자기 자신이라는 관계가 자기 자신과 관계를 맺는 그 관계 속에 있음을 말한다. 그러므로 자기 자신은 단순히 관계가 아니라, 관계가 자기 자신과 관계를 맺는 것을 말한다.
인간은 무한과 유한, 시간과 영원, 자유와 필연의 종합이다. 요컨대 인간은 하나의 종합이다. 종합이란 양자 사이의 관계이다. 이렇게 볼 때 인간은 아직 자기 자신이 아니다. 양자 사이의 관계에서 관계는 부정적인 통일로서의 제3자이다. 그리고 양자는 관계에 대해, 그리고 관계에 대한 관계 속에서 서로 관계를 맺는다.
이와 같은 영혼의 규정에 따르면 영혼과 육체 사이의 관계 역시 하나의 관계이다. 이와 반대로 관계가 자기 자신과 관계를 맺게 되면 이 관계는 긍정적인 제3자다. 이것이 자기 자신이다.

키르케고르, 《죽음에 이르는 병》 중에서

맺고 있습니다.

그런데 일반적으로 우리는 그 대립하는 한쪽 개념에 초점을 맞춰 살아갑니다. 예를 들어 보통 사람들은 현재의 시간에, 유한한 현실에 중점을 두고 살아가지만, 성직자나 현자 들은 영원을 중시하며 살아가지 않습니까? 그런데 키르케고르는 이 둘 사이의 관계, 즉 시간과 영원, 유한과 무한, 개별과 보편 사이의 관계가 우리 자신과 맺는 관계를 강조합니다. 그것이 곧 실존이고, 그것이 바로 자기 자신이라는 거죠.

인류의 역사나 개인의 삶은 유한이나 무한의 어느 한 축에 치우치는 것이 아니라, 이 둘 사이에서 끊임없이 이어지는 관계를 통해 전개됩니다. 헤겔식으로 말하자면 인간은 스스로 그 유한과 무한의 관계 속에 뛰어들어서 그 둘을 변증법적으로 풀어가는 것이 중요하다는 거죠. 실존은 바로 이 둘의 종합입니다. 어느 한 쪽에 무게를 두고 해결하는 것이 아니라, 이 둘의 관계가 자신과 관계 맺게 하고, 그 관계에 스스로 들어가서 그 둘을 조화시키는 것. 키르케고르는 이것을 인간이 유한과 무한의 관계와 맺는 관계라고 보았죠.

김갑수   키르케고르의 실존철학이 어떤 것인지 소개해주셨습니다만, 철학적 사유가 단지 한순간의 유행이 아니라, 우리의 삶을 규명하고, 우리 삶에 방향을 제시하는 것이라고 한다면, 오늘날 실존철학의 의미는 어떤 것일까요?

이기상   제가 학생들에게 철학을 가르치면서 가장 먼저 주는 과제가 뭐냐면,

지금까지 살아오면서 고민했던 문제를 철학적으로 성찰해서 에세이를 써내라는 겁니다. 이런 수업을 지난 25년간 계속했는데, 학생들의 고민도 변화하는 것을 발견하게 됩니다. 제가 처음 강의를 시작하던 80년대와 요즘을 비교해보면 학생들 고민의 성격이 전혀 다릅니다. 요즘 학생들의 고민은 한결같이 '나의 문제'로 귀착됩니다. '나는 누구인가', '나는 어떻게 살 것인가'라는 문제로 귀착됩니다. 제가 보기에 그것은 결국 실존철학의 문제입니다. 그런데 나는 혼자 뚝 떨어진 존재가 아니라, 관계 속에 있는 존재죠. 그리고 사르트르도 강조하는 내용이지만, 그 관계 속에 나의 역할이 있죠. 키르케고르는 인류의 역사가 내게 부여한 의무를 과연 어떻게 떠맡으며 살아가느냐는 문제에 주목합니다. 그럴 때 스스로 실존적인 결단을 내리며 살아가야 하는 인간은 키르케고르가 말했듯이 '신 앞에 선 외톨이'입니다.

김갑수   그러나 학생 중에서 선생님 말씀대로 인류의 역사가 자신에게 부여한 의무가 무엇인지를 실감하는 사람이 몇이나 되겠습니까? 특히, 요즘 같은 세상에 막상 대학을 졸업하고 나서도 사회에 나아가 무엇을 하며 어떻게 살아가야 할지, 막막한 사람이 대부분일 텐데요.

이기상   물론, 현실적으로 세태가 어렵다는 것은 알지만, 인간에게는 자신의 삶을 다양한 차원에서 꾸려나가는 능력이 있습니다. 감성적인 차원, 지성적인 차원, 이성적인 차원, 영성적인 차원이 있죠. 그래서 스스로 실존적인 결단을 내려서 감성적인 차원을 중요시한다면 아름다

움을 강조하는 심미적인 삶을 살게 될 터이고, 지성적인 차원을 중요시한다면 윤리적인 삶, 사회적으로 의식화된 삶을 살려고 노력하겠죠. 이성적인 차원을 중요시한다면 보편적 차원에서 철학이나 사유에 관심을 보일 터이고, 영성적인 차원을 중요시한다면 종교적인 삶을 살게 되겠죠. 이처럼, 인간을 어떤 특정한 차원에 묶어두던 과거와는 달리, 다양한 가능성 가운데 하나를 선택할 수 있게 되었죠.

중요한 것은 내가 지금 이 삶을 살면서 남이 내 손에 쥐여준 일, 내가 스스로 결단을 내리지 못하고 남에게 등이 떠밀려서 하게 된 일을 계속할 것이냐, 아니면 스스로 선택한 일을 하며, 자기 삶을 주도적으로 살아갈 것이냐를 결정하는 일입니다. 그 점이 실존적 결단의 핵심입니다. 그래서 저는 학생들한테 항상 이야기합니다. 살면서 중요한 것은 자기가 하고 싶은 일을 하면서 거기서 기쁨을 느끼는 것이며, 그것이 바로 행복한 삶이라고.

사르트르, 즉자존재 vs 대자존재

김갑수   철학에는 형식적 사고나 관념적 사고 등 여러 분야가 있겠지만, 실존철학은 우리의 삶의 자세와 밀착되어 있다는 느낌이 듭니다.

이기상   특히, 인간을 스스로 자신의 삶을 만들어가는 '가능존재'로 보았다는 점에서 그렇겠죠. 사르트르는 존재를 '즉자존재(l'être en soi)'와 '대자존재(l'être pour soi)'로 구분했는데, 즉자존재는 어떤 기능을 하는 사물처럼 변함없이 그 상태로 머물러 있는 존재를 말합니다. 예를 들어 탁자는 탁자의 구실을 하는 동안은 계속 탁자로 남아 있죠. 그래서 사르트르는 그것을 이렇게 표현합니다. "이 탁자는 그것이 무엇인바, 그것이다." 그렇다면, 인간은 뭐냐. "인간은 그가 무엇이 아닌바, 그것이다." 인간은 대자존재라는 거죠. 지금 나의 존재가 여기에 이런 상태로 있지만, 지금 나의 현재 이 상태가 나의 전부가 아니라는 겁니다. 나는 다음 순간 벌써 과거가 되어버릴 이 상태를 벗어나 새로운 존재로 살아가거든요. 그래서 인간에 관해서는 그가 무엇인 그것을 확정적으로 정의할 수 없다는 겁니다. 확정되지 않은 존재, 끊임없이 스스로 만들어가야 하는 존재라는 점이 인간에게는 가장 큰 과제죠. 그것은 감당하기 어려운 자유니까요. 앞서 말했듯이 학생들이 가장 고민하는 문제도 바로 그것입니다. 고등학교 때까지는 자기가 해야 할 일을 남들이 다 정해줘서 그대로 따라 하면 되었는데, 대학에 들어오고 성인이 되어서 자신이 어떤 인간이 되어야 할지를 스스로 결정해야 하니까 그것이 가장 큰 고민이라는 겁니다. 바로 그런 것이 실존적 고민이죠.

김갑수   사르트르는 인간의 자유를 억압하는 근본적인 요인으로 타인의 시선을 들지 않습니까? 선생님이 말씀하신 대로 나는 언제나 달라질 수 있는 '가능존재'인데 타인의 시선은 나의 존재를 마치 하나의 사물처럼 결정해버리니까요. 그래서 사르트르는 인간이 '타인의 시선'이라는 감옥에 갇혀버리고, '타인은 지옥'이라고까지 말하는데, 우리에게 부여된 자유와 타인의 억압에 대해 설명해주셨으면 합니다.

이기상   사르트르는 《출구 없음(Huis clos)》에서 "지옥, 그것은 타인이다(L'enfer, c'est l'autre)"라는 유명한 말을 남겼죠. 앞서 말씀드렸듯이 인간은 가능성의 존재, 확정되지 않은 존재인데 타인의 시선이 나를 즉자존재로 만들어버린다는 겁니다.

예를 들어볼까요? 누군가가 열쇠구멍으로 방 안을 몰래 들여다보고 있습니다. 그런데 지나가던 사람이 그의 모습을 보았습니다. 그럴 때 열쇠구멍으로 방 안을 들여다보던 사람은 마치 화석처럼 굳어버리죠. 왜냐하면 그가 관음증 환자든 단순한 호기심으로 남의 사생활을 염탐한 사람이든 간에 목격자의 눈에 비친 그의 존재는 '남의 방을 염탐하는 사람'으로 확정되어버립니다. 이처럼, 타인의 시선은 마치

장 폴 사르트르

Jean -P. Sartre(1905~1980)

프랑스 파리 출생. 파리 고등사범학교에 다니면서 메를로 퐁티, 레이몽 아롱 등과 교류했다. 평생의 반려자가 된 시몬 드 보부아르도 그 시절에 만났다. 졸업 후 르아브르의 고등학교 철학교사로 일했다. 1933년 베를린에 유학하여 후설과 하이데거를 연구했다. 그는 독창적인 현상학적 존재론을 전개하여 데카르트적 자아의 개념을 넘어서서 인간의 실존적 성격을 강조했다. 즉, 실존은 본질에 앞서며, 실존은 바로 주체성이라는 명제를 제시하면서 인간의 의식과 자유의 성격을 규정하고 실존적 결단과 행동, 그리고 책임과 연대성을 강조했다. 1943년에 발표한 《존재와 무》는 무신론적 실존주의의 관점에서 전개한 존재론으로서 당시 시대사조를 대표하는 역작이다. 현실참여에 관한 그의 주장은 《실존주의는 휴머니즘이다》(1946)에서 확인할 수 있다. 2차 대전 이후 그의 여정은 지식인의 사회 참여에 대한 전범을 보여준다. 시차를 두고 모두 세 권으로 출간된 《변증법적 이성비판》은 20년간 그의 사상적 변화를 드러낸다. 종전 이후 마르크스주의와 소련의 동반자를 자처했던 그는 1956년 소련이 헝가리를 침공하자 공산주의와 거리를 두었고, 미소 양대 세력에 저항하는 제3세계 사회주의 혁명을 옹호했다. 사르트르는 철학서 외에도 많은 소설과 희곡 작품을 남겼으며 1964년 노벨 문학상 수상을 거부했다.

메두사의 눈처럼 그를 그 순간의 그로 영원히 고정해버리기에 타인은 지옥이라는 거죠.

그래서 사르트르는 '대타존재(être pour l'autre)'를 이야기합니다. 결국, 나의 자유를 제한할 수 있는 유일한 자유는 타인의 자유라는 겁니다. 그래서 인간은 타인의 자유를 억압하지 않는 범위에서 자신의 자유를 행사해야 한다는 메시지가 거기 담겨 있습니다.

김갑수 실존주의자들은 인간이 스스로 자기 삶을 만들어가고, 행동을 선택해야 한다고 주장하는데 말과 행동이 일치해야 하지 않겠습니까? 그런 점에서 평생을 실천가, 참여철학자로 살아간 사르트르는 마땅히 존경받아야 할 지식인의 표상이기도 합니다. 어떤 사람은 공산당에 가입했다가 탈퇴하는 등 그의 정치적 선택이 경박했다고 비난하기도 합니다만, 어쨌든 그는 우리나라에서는 보기 드물게 '언행이 일치한 지식인'이었다는 사실만은 분명한 것 같습니다.

이기상 그렇습니다. 자신의 주장을 행동으로 증명하거나, 잘못 선택했다는 사실을 인정하기는 쉽지 않죠. 사르트르는 자기가 주장했던 대로 평생 자유인으로 살았습니다. 노벨 문학상도 거부했고, 프랑스 정부에서 주는 레종 도뇌르(Région d'honneur) 서훈도 거부했죠. 훈장을 받음으로써 자신이 어떤 특정한 인물로 고착되는 것을 바라지 않았던 거예요. 그래서 그는 모든 가능성을 열어놓은 상태로 살았습니다. 평생 결혼도 하지 않았고, 집도 소유하지 않았으며, 호텔과 카페를 전전하며 글을 썼습니다. 그렇게 어디에도 얽매이지 않는 자유인으로 살았던 겁니다.

그리고 체코 사태, 소련 사태에서도 자기가 믿고 주장하는 대로 현실에 뛰어들어 옳다고 믿는 바를 위해 싸웠죠. 1980년 사르트르가 죽었을 때 수많은 인파가 모여 사르트르의 죽음을 애도했던 것은 그가 실천적 지식인의 위대한 표상이었기 때문이라고 생각합니다.

카뮈, 부조리의 철학

김갑수   우리가 사르트르를 말할 때 어김없이 떠오르는 작가, 지식인이며 철학자였던 알베르 카뮈를 언급하지 않을 수 없습니다. 카뮈는 세계의 부조리를 자각하고, 부조리한 세계에 반항하는 인간상을 묘사한 작가로 강한 인상을 남겼죠. 카뮈의 부조리 철학은 어떤 것인지 궁금하군요.

이기상   카뮈는 세계가 부조리하고 무의미하다고 보았습니다. 그리고 인간은 그런 부조리한 세계에 의미를 부여하는 존재라고 생각했죠. 허무주의에 빠져 자살하거나 신앙으로 도피하는 것은 인간이 스스로 자기 운명을 책임지고, 세계에 의미를 부여하는 자세가 아닙니다. 그렇다면, 어떻게 해야 할까요? 카뮈는 이 부조리한 세계에 반항해야 한다고 주장합니다. 그는 이런 생각을 《시시포스의 신화》에서 토로했죠. 시시포스는 경사진 길 위로 끊임없이 돌을 굴려 올리는데,

그렇게 정상에 올라가면 돌이 밑으로 굴러 떨어지죠. 그러면 시시포스는 다시 밑에서부터 돌을 굴려 올립니다. 이런 동작이 끝없이 반복되는 거죠. 이렇게 의미도 결과도 없는 부조리한 일을 끝없이 반복해야 한다면, 의식 있는 인간은 큰 고통을 받습니다. 바로 그런 연

알베르 카뮈

Albert Camus(1913~1960)

알제리 몽드비에서 출생. 가난한 어린 시절을 보내고 알제대학교 철학과에서 평생의 스승이 된 장 그르니에를 만났다. 결핵에 걸려 교수가 될 것을 단념하고 신문기자가 되었다. 초기의 작품부터 인간의 조건과 부조리한 세계에 대한 의식을 드러냈다. 1942년 독일 점령하에서 《이방인》을 발표하여 세계적 관심이 집중되었다. 이 작품은 부조리한 세계에서 살인을 저지른 한 남자가 사형을 앞두고 비로소 삶의 의미와 행복을 깨닫는다는 내용이다. 《시시포스의 신화》(1942)는 그 철학적 배경을 소개한 에세이다. 2차 대전 중에 저항운동에 참가했던 그는 《독일인 친구에게 보내는 편지》(1945)에서 편협한 애국심의 폐해를 비판했다. 그 후에 발표한 《페스트》(1947)는 극한상황에 처한 인간의 모습과 부조리한 세계에 저항하고 행동하는 의로운 사람들의 감동적인 모습을 그렸다. 그는 자신을 실존주의자로 보는 세상 사람들과 매스컴에 대해 항상 그것을 부정했으며 "나는 실존주의가 끝난 데서 출발하고 있다"라고 언명했다. 《반항적 인간》(1951)은 희곡 《정의(正義)의 사람들》(1949)에서 그가 옹호했던 러시아 혁명가들의 행동을 주제로 한 에세이로서 혁명적 수단과 유물사관에 반대하며 점진적 개량적 중용의 방법을 주장했다. 이후 그는 정치적 발언을 삼갔으며 1957년 노벨문학상을 받고 나서 《최초의 인간》을 집필하기 시작했을 때 자동차 사고로 죽었다.

유에서 신들이 시시포스에게 그런 형벌을 내렸던 거예요.

그런데 카뮈는 전혀 다르게 반응합니다. 그 부조리한 상황을 인간이 명철하게 의식하고 반항의 의미로 돌을 굴려 올린다면, 인간은 그런 형벌을 부과한 신보다 더 위대하다는 겁니다. 카뮈의 반항은 항상 연대적인 반항이에요. '나는 반항한다, 고로 우리는 존재한다.' 이것이 카뮈가 던지는 유명한 명제입니다. '나'의 반항이 '우리'의 존재로 이어진다는 겁니다.

카뮈는 인간이 놓여 있는 부조리한 처지와 거기에 대해 인간이 어떻게 대처해야 하는지를 말해줍니다. 인간에게는 근본적으로 단일성에 대한 욕구가 있습니다. 그런데 이 세계나 신은 그 욕구를 충족해주지 못합니다. 부조리는 모든 것을 하나로 묶어 의미를 부여하려는 단일성의 추구가 그렇지 못한 현실의 난관에 부딪혀 받게 되는 불일치의 감정입니다. 만일 세계가 또는 신이 이러한 단일성의 욕구를 충족할 수 없다면, 인간이 스스로 자신에게 단일성을 만들어주는 것이 인간의 과제라고 카뮈는 말합니다. "산다는 것, 그것은 바로 부조리를 살게 놔두는 것이다. 부조리를 살게 한다는 것은 부조리를 응시하는 것이다. 견지될 수 있는, 몇 안 되는 철학적 입장의 하나는 따라서 반항이다." 이런 부조리의 상황에 대한 '나의' 반항이 어떻게 인간적인 유대를 형성할 수 있는지를 보여준 작품이 바로 카뮈의 《페스트》입니다.

시시포스(Sisyphus)

아이올로스와 에나레테 사이에서 태어났다. 에피레(훗날의 코린토스)의 창건자이며, 플레이아데스의 하나인 메로페와 결혼하여 글라우코스 등을 낳았다.

그리스신화에서 인간 가운데 가장 영리한 인물로 유명한데, 헤르메스에게서 도둑질을 배운 아우톨리코스조차도 그를 속이지는 못하였다. 도둑질한 물건의 형태나 색깔을 바꿀 수 있는 능력을 가진 아우톨리코스는 시시포스의 소를 훔친 뒤에 모양과 색깔을 바꾸었지만, 시시포스가 미리 소 발굽에 찍어놓은 표시 때문에 발각되었다. 시시포스는 이를 계기로 아우톨리코스의 딸 안티클레이아에게 접근하여 어울렸다. 이 때문에 안티클레이아가 라에르테스와 결혼하여 낳은 오디세우스는 사실은 시시포스의 아들이라는 이야기도 전한다.

어느 날 제우스가 아이기나를 유괴하는 것을 목격하고 아이기나의 아버지 아소포스에게 알려 주자 제우스가 이를 노여워하여 시시포스에게 죽음의 신을 보냈다. 그러나 시시포스는 죽음의 신을 속이고 가두어 군신(軍神) 아레스가 구출하러 올 때까지 아무도 죽은 사람이 없었다. 죽음의 신이 풀려나자 시시포스는 저승으로 가야 했는데, 그는 이를 예측하고 아내 메로페에게 자신이 죽은 뒤에 장례식도 치르지 말고 시신을 묻지도 말라고 당부했다.

저승의 신 하데스는 시시포스가 죽었는데도 메로페가 장례를 치르지 않자 시시포스 스스로 장례를 치르도록 지상으로 돌려보냈다. 또는 하데스의 아내 페르세포네가 지상으로 돌려보냈다고도 하고, 시시포스가 아내의 소홀함을 벌할 수 있도록 지상으로 되돌아가게 해 달라고 요청하였다고도 한다. 다시 지상의 세계로 돌아온 시시포스는 장수를 누렸다. 죽은 뒤어 신들을 기만한 죄로 커다란 바위를 산꼭대기로 굴려 올리는 벌을 받았는데, 그 바위는 정상 근처에 다다르면 다시 아래로 굴러 떨어져 형벌이 영원히 되풀이된다고 한다.

하이데거, 존재물음

김갑수   지금까지 실존주의가 어떤 철학인지 키르케고르, 사르트르, 카뮈의 사유를 통해 살펴봤는데, 근본적으로 '존재'라는 개념에 대해 조금 더 자세히 알아볼 필요가 있을 것 같습니다. 특히, 존재의 문제에 대해 첨예하게 사고했던 하이데거 철학에 대해 알아봤으면 합니다.
우선, 20세기 철학사에서 매우 중요한 위치에 있는 하이데거가 어떤 철학자였는지, 그의 철학이 보여주는 전반적인 특성은 어떤 것인지를 살펴보기로 하죠.

이기상   우리는 20세기 세계적인 철학자, 즉 20세기 철학의 흐름을 주도한 세 명의 철학자로 죄르지 루카치, 비트겐슈타인, 그리고 하이데거를 지목합니다. 루카치는 마르크스를 새롭게 해석해서 20세기 후반에 막말로 세계를 빨갛게 물들인 장본인이죠. 그리고 비트겐슈타인은 '언어론적 전회'라고 해서, 언어에 대한 관심을 불러일으킨 사람입니

하이데거

Martin Heidegger
(1889~1976)

독일 바덴 주 메스키르히 출생. 후설에게 현상학을 배웠다. 1923년 마르부르크대학교 교수, 1928년 프라이부르크대학교 교수와 총장을 지냈으나, 제2차 세계대전 중에 나치스에 협력하였다는 이유로 전후에 한때 추방되었다가 후에 복직되었다. 후설의 현상학에서 출발하여 자신의 존재론을 확립했으며 키르케고르의 영향을 받았다. 그는 《존재와 시간》(1927)의 출간 이후 세계적 명성을 얻었다. 그의 존재론은 존재하는 것이 무엇인가를 묻고, 존재를 스스로 이해하는 인간의 존재, 즉 현존재의 분석에서 시작했다. 그는 현존재가 자기 존재를 이해하고, 다른 것과 관계있는 관심으로서의 존재이며, 이 관심이 자기가 유한한 존재라는 사실에 직면하여 시간성 속에 있다는 것이 명확해져서 본래의 자기를 깨닫는다고 주장했다. 이처럼 실존하는 인간 존재는 무(無)로 돌아가는 존재이며, 그 존재 방식은 불안이다. 이 존재 방식이 그가 말하는 '세계-내-존재'이며, 이것은 인간 존재의 근본적 성격을 이룬다. 그는 이후에 현존재가 아니라 존재 자체의 연구에 몰두하여 이것을 해명하려 했다. 존재는 개개의 존재자와 같은 수준에 있는 존재자가 아니라, 존재자들을 저마다 존재자로 존재하게 하는 특이한 시간 공간이며, 인간은 거기에 나타나는 '탈존(脫存: Eksistenz)'이라고 주장했다.

다." 하이데거는 존재와 시간의 문제에 천착했던 철학자입니다. 그는 인간을 시간적인 존재, 다시 말해 죽음을 향한 존재로 파악했죠. 이처럼, 세 사람은 우리에게 분명한 메시지를 던져줍니다. 그중에서 루카치는 동구권 몰락과 함께 철학적으로 대중의 관심에서 멀어진 것이 사실입니다만, 비트겐슈타인과 하이데거는 탈근대를 주도했

Lukács György,
1885~1971

L. Wittgenstein,
1889~1951

기에 오늘날에도 이 두 철학자의 메시지는 여전히 강력한 힘을 발휘합니다. 실존철학은 조금 시대에 뒤떨어진 감이 있지만, 사실 하이데거 자신은 생전에 실존철학자로 자처한 적이 없습니다. 그러나 하이데거가 주장하고 제시한 사고는 아직도 우리에게 시사하는 바가 많습니다.

김갑수   하이데거는 특히 동양사상과도 관련이 깊은 것으로 알려졌습니다. 그런데 생전에 하이데거가 유럽 문명의 위기와 관련해서 독일의 《슈피겔(Der Spiegel)》지와 나눈 대담을 보면 '동양인들이 문제 해결의 열쇠를 쥐고 있어도 문제를 제대로 인식하지 못하면 소용없다'는 주장이 강한 인상을 남기는데, 이 말을 어떻게 이해해야 할까요?

---

* 언어론적 전회(Linguistic Turn): 근대철학의 아버지인 데카르트는 철학의 주된 관심을 존재하는 것에서부터 그것을 인식하는 주체로 옮겨놓았다. 이것을 철학사에서는 "인식론적 전회"라고 부른다. 이에 대응하게 현대철학에서 비트겐슈타인은 철학의 핵심주제를 대상의 인식에서부터 대상에 대한 언어적 전달로 옮겨놓았다. 이것을 "언어론적 전회"라고 부른다.

이기상　　하이데거는 무엇보다도 우리가 처한 시대적 상황을 정확하게 인식해야 한다고 말한 겁니다. 이 상황이 어느 날 돌출적으로 발생한 것이 아니라 2,500년 서양 문명사의 맥락에 있기 때문에, 어디서부터 어떻게 잘못되어 현재에 이르렀는지, 그리고 지금 우리가 직면한 문제의 본질과 뿌리가 무엇인지를 제대로 간파해야 그 문제에 제대로 대처할 수 있다는 거죠. 그런데 동양사상가들이 현대 인류가 놓인 위기의 실상과 원인에 대해서는 깊이 연구하지 않고 아주 쉽게 "서

기술문명의 위기와 동양사상

하이데거 : 유럽의 정신문화와 기술문명에는 문제가 있습니다. 지금부터라도 우리는 새로운 길을 찾아야 합니다. 그리고 새로 시작해야 합니다.

슈피겔 : 그 새로운 출발점을 어디서 찾아야 하나요? 우리가 모르는 무언가를 동양사상에서 얻을 수 있을까요? 동양인들이 과연, 유럽인들이 피폐하게 만든 인류문화를 구제할 가능성을 제시할 수 있을까요?

하이데거 : 그럴 수 있습니다. 동양사상이 유럽인들이 모르는 많은 부분을 논의해 왔으니 그것을 통해 유럽과 인류가 처한 문제를 해결할 방향을 제시할 수도 있습니다. 하지만, 그것은 가능성일 뿐 결코 그렇게 되지는 않을 것입니다. 왜냐면 동양인들이 설사 해결의 열쇠를 쥐고 있다고 하더라도 문제가 무엇인지 모른다면 그 열쇠를 어디에 어떻게 사용해야 하는지 모를 테니까요. 문제를 문제로 인식하지 못하는 한 동양사상에 가능성이 있다고 해도 그 가능성이 실현될 수 없다는 뜻입니다. 그러므로 결국 문제를 일으킨 서양인들이 해답을 찾을 수밖에 없을 것입니다.

하이데거의 인터뷰, 《슈피겔》, 1966년 9월 23일 자.

양철학은 끝났다. 이제 대안은 동양사상이다"라고 말한다는 거죠. 무엇이 문제가 되고 있는지를 제대로 알아야 거기에 대한 처방도 알맞게 내놓을 수 있다는 겁니다.

김갑수   자, 이제 하이데거의 존재론을 살펴볼 차례인데, 우선 그가 말한 존재는 어떤 의미인지 그 개념부터 설명해주셨으면 합니다.

이기상   존재가 무엇인지 이해하려면, 우선 인간과 세계의 관계를 살펴봐야 합니다. 인간이 존재하기 전에 우주가 있었느냐. 하이데거 철학에 따르면 인간이 있기 전에 우주는 없었습니다. 우주를 뜻하는 '코스모스(Cosmos)'라는 말 자체가 '질서 있는 전체'를 의미합니다. 인간이 있기에 인간을 포함한 전체에 질서가 부여되는 거죠. 인간이 있기 전에는 설령 질서가 있다 하더라도 그 질서를 보는 시야가 없기에 사르트르의 표현을 빌린다면 그 우주는 즉자존재입니다. 자기가 존재한다는 사실을 모르는 거죠. 그러다가 인간이 등장함으로써 우주는 스스로 존재한다는 사실을 알게 됩니다. 그런데 인간이 등장하면서 사건이 벌어집니다. 인간은 존재하는 모든 것을 하나로 묶어서 언어로 명명하려고 들기 때문이죠. 그것이 바로 '존재물음'입니다. 하이데거의 표현대로 인간이 존재함으로써 '존재자 전체로의 침입 사건'이 벌어지는 겁니다. 인간이 존재하는 모든 것을 개념으로 묶으려고 시도하는 거죠. 그런 시도가 동양에서는 동양대로, 서양에서는 서양대로 이루어집니다. 그러니까, 중요한 것은 모든 존재를 어떤 시야로 해석하느냐에 달렸죠. 저는 그것을 '존재의 눈'이라고 부릅니다. 어떤 존재의 눈으로 보느냐에 따라 세상이 달라지니까요. 그런데 동양과 서양이 만나는 과정에서 존재 전체를 보는 시야가 서양이 동양을 압도해서 서양의 존재물음이 세계의 보편적인 존재물음이 됩니다. 이성, 로고스, 인간 중심의 시야가 지배하는 거죠. 보편적 인간의 개념도 서양인이 중심이 됩니다. 포스트모던 철학자들이 비판하듯이 서구적 존재론, 서구적 존재물음이 보편적인 것으로 통하는 세상이 되는 거죠. 그래서 저는 하이데거가 던지는 존재물음 역시 유한하다고 생각합니다. 그것도 이와 같은 상황에서 던져진

이 시대 철학의 과제

하이데거가 이 땅의 철학도들에게 던지는 메시지는 우리의 역사적 생활세계에서 벌어졌고, 오늘날 삶의 세계에서 벌어지고 있는 존재사건에 주목하여 그것이 건네는 말에 유의하라는 것이다.

하이데거의 철학이 서양의 문화권에서 말을 건네는 존재의 소리에 대한 응답이라면, 한국이 포함된 동아시아에서 일어난 존재사건에 이 땅의 철학인들은 어떤 말과 어떤 개념으로 응답했고 응답해야 하는지를 탐구하는 것이 앞으로 우리가 해야 할 과제일 것이다.

지구촌 시대라고 하는 21세기의 지구살림살이를 전적으로 미국과 유럽인들에게 맡겨버릴 것이 아니라면 한국의 지성인은 우리의 역사와 문화에 새겨져 있는 우리 나름의 존재지혜를 드러내어 새로운 살림살이의 대안으로 제시하겠다는 각오를 다져야 한다.

이기상, 《존재와 시간》 중에서

존재물음이기 때문이죠. 저는 동양의 역사, 한국의 역사에서 우리의 선조가 던졌던 존재물음은 무엇이고, 지금 그 맥을 이어 오늘날 우리가 던지는 존재물음은 어떤 것이 되어야 하는지 성찰해봐야 한다고 생각합니다.

김갑수 그러나 그런 존재물음은 국가나 사회 등 체제의 이념에 의해 왜곡될 수 있지 않습니까? 우리가 속한 체제의 구속에서 하이데거가 말하는 자유의지를 어떻게 실현하고, 실존적으로 우리 스스로 어떻게 우리 존재를 만들어갈 수 있을까요?

이기상 하이데거의 영향을 받은 철학자 허버트 마르쿠제는 《일차원적 인간》이라는 책에서 산업사회의 인간은 그의 사상과 행동이 체제에 의해 완전히 내재화돼서 스스로 변화하는 능력을 상실했다고 말했습니다. 이것은 하이데거의 《존재와 시간》에서 말하는 본래성과 비본래성의 개념과 일맥상통합니다. 인간은 실존적으로 자기 자신이 되어 살아가야 하는데, 그러지 못한다는 겁니다. 체제가 규정한 대로, 대중이 주도하는 대로 자율성을 잃어버리고 살아간다는 겁니다. 유행 따라 먹고, 마시고, 입고, 직업도 택하죠. 자신에 대해 스스로 질문을 던지지 못하고, 끊임없이 유행을 따라 남들이 정해놓은 대로 행동합니다. 하이데거는 바로 그런 현상의 위험을 경고했죠. 자유는 자기 자신으로서 존재하는 길을 택하는 것을 말합니다. 앞서 '너 자신이 되라'는 하이데거의 가르침을 언급하셨지만, 스스로 자기 자신이 되는 것이야말로 진정한 자유인으로 사는 길입니다.

너 자신이 되라

김갑수   지금까지 말씀해주신 실존철학의 여러 가지 주장도 그렇지만, '너 자신이 되라'는 가르침은 우리 삶의 지표로 삼아야 할 명제가 아닌가 합니다. 실존철학의 관점에서 현대를 사는 우리에게 전하실 메시지가 있다면 들려주셨으면 합니다.

이기상   '이것이냐 저것이냐'라는 실존적 결단을 강조한 키르케고르는 오늘을 사는 우리에게 '결단을 내려 너 자신을 선택하라!'고 외칩니다. 자신의 능력과 처지를 한탄하며 형편의 불리함에 대해 불평만 하는 사람들에게 키르케고르는 인간의 위대함은 그가 무엇을 받았느냐에 의해 평가되지 않고 그가 어떻게 떠맡았느냐에 의해 평가됨을 주지시키고 있습니다.

사르트르는 무엇보다도 인간의 자유를 강조합니다. 인간의 자유는 '인간의 본질을 앞서가고 이 본질을 가능하게' 합니다. 그런데 이 자유는 각자 나의 것으로서 오직 그때마다 상황 속에서 구현되는 특정한 자유입니다. 그것은 주어진 어떤 것이 아니라, 오직 그 주어진 것을 선택하는 바로 그때 일어나는 것입니다. 그래서 사르트르는 이렇게 말합니다. "자유란 오직 상황 속에 있고, 상황이란 오직 자유를 통해 있다."

이 세상이 온통 부조리하다고 느끼는 많은 현대인에게 카뮈의 실존철학은 모종의 돌파구를 제시합니다. '인생은 무의미하다. 그러나 살아야 한다.' 이것이 카뮈가 부조리한 인간 존재의 근본 모순들을 대면하여 내리고 있는 반항의 귀결입니다. 우리가 매일 겪는 세계의 부조리에 직면하여 초월적인 것으로 도피하거나 자살로 인생을 마감하지 말고 과감하게 그 부조리와 직접 맞닥뜨리라고 권고합니다.

현대를 사는 우리는 누구나 실존철학적인 삶을 살아가고 있습니다. 시간 속에 존재하는 우리에게는 과거가 있습니다. 나의 과거는 민족의 과거이고, 인류의 과거입니다. 우리는 그 과거를 떠맡아서 오늘날 우리가 직면한 세계적인 문제 상황을 분석하고 대안을 찾아 미래를 향해 나아가야 합니다. 이것이 실존철학이 이야기하는 시간적인 존재로서의 인간에게 부여된 실존의 의미입니다. 그리고 이것은 하이데거의 시대만이 아니라 오늘날에도 여전히 유효하다고 봅니다. 저는 인문학을 전공하시는 분들이나 일반인이나 이런 문제의식을 가져야 한다고 생각합니다. 나의 과거를 단지 유산으로서만 떠맡을 것이 아니라, 그 과거를 미래지향적으로 새롭게 개발해서 내가 더 나은 존재가 되는 것. 그것이 실존철학이 오늘날 우리에게 주는 메시지라고 생각합니다.

그리고 또 한 가지, 실존철학에서 '관계'는 매우 중요한 개념입니다. 현대인의 삶에서도 관계, 사이, 네트워크와 같은 주제는 중요한 주제로 등장합니다. 특히 요즘에 통합, 통섭의 중요성을 흔히 이야기합니다만, 그것은 어떻게 보면 동아시아적인 개념이라고 말할 수 있습니다. 이제 우리는 실존적인 결단을 내려야 하는 시점에 있습니다. 그 실존적인 결단은 우리의 문화적인 유산, 철학적인 유산을 오늘날 시대적인 상황에 맞추어서 해석하고 분석해서, 인류의 미래 가능성을 위한 지표로, 대안으로 삼는 것입니다. 이처럼, 실존철학의 교훈은 실존적인 삶을 사는 데 있습니다. 아울러 오늘날 인문학에 대해서도 실존적인 태도를 보여야 한다는 메시지를 깊이 새겨야 한다고 생각합니다.

진행

김갑수
문화평론가.
성균관대학교 국어국문학과 졸업, 동 대학원 수료.
KBS 'TV, 책을 말하다' 자문위원, 세종사이버대학 초빙교수, 대한민국 출판문화대상 공로상 수상.

동서양 철학 콘서트 : 서양철학 편 (인문학 콘서트 5)

1판 1쇄 발행일 2011년 4월 1일

지은이 | 엄정식, 장영란, 이창우, 이현복, 백종현, 이동희, 강영계, 이기상 (집필 순)
펴낸이 | 임왕준
편집인 | 김문영
교정·교열 | 양은희
펴낸곳 | 이숲
등록 | 2008년 3월 28일 제301-2008-086호
주소 | 서울시 중구 장충동 1가 38-70
전화 | 2235-5580
팩스 | 6442-5581
홈페이지 | http://www.esoope.com
블로그 | http://blog.naver.com/esoope
ISBN | 978-89-94228-18-1 04160
        978-89-94228-16-7 (전2권)

ⓒ KTV 한국정책방송, 2011
ⓒ 엄정식, 장영란, 이창우, 이현복, 백종현, 이동희, 강영계, 이기상, 김갑수

- ◆ 이 책은 저작권법에 따라 보호를 받는 저작물이므로 무단전재와 복제를 금지하며, 이 책 내용의 전부 혹은 일부를 이용하시려면 저작권자와 이숲의 서면동의를 받아야 합니다.
- ◆ 이 책에 수록된 도판의 저작권을 보유하신 분은 본사로 연락 바랍니다.
- ◆ 이 책은 환경보호를 위해 재생종이를 사용하여 제작하였으며 한국간행물윤리위원회가 인증하는 녹색출판 마크를 사용하였습니다. (본문-그린 서적지 100g)